animágicos

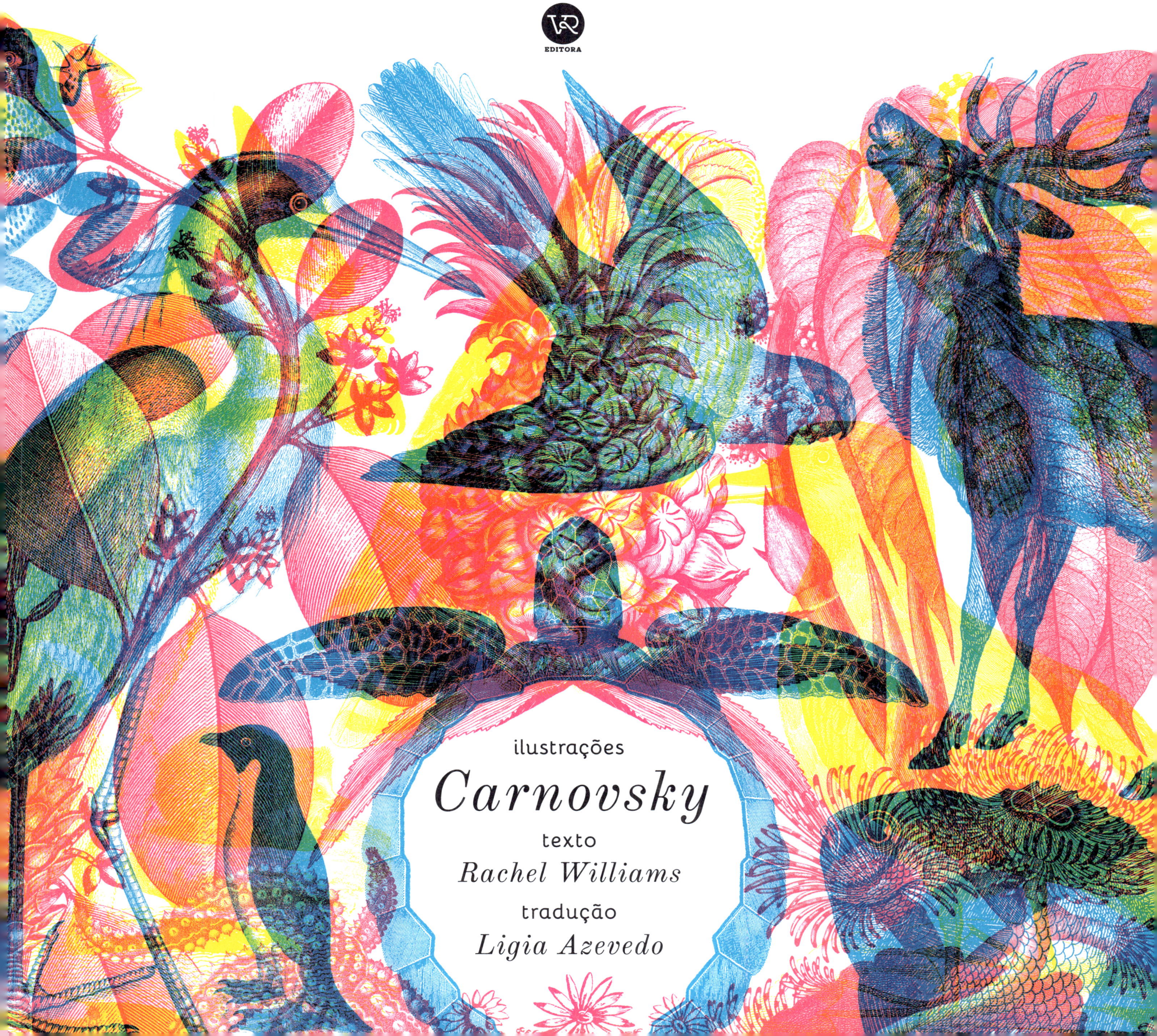

ilustrações

Carnovsky

texto

Rachel Williams

tradução

Ligia Azevedo

a natureza nunca para

A cada tique do relógio, um animal acorda e sai à procura de comida. O céu pode estar escuro quando a criatura começa a se movimentar: a noite é dominada pelos animais *noturnos*. Sob a luz do dia, os animais *diurnos* gostam de caçar. E, conforme o mundo dá as boas-vindas ao amanhecer ou se despede do dia com o anoitecer, as criaturas *crepusculares* aparecem. Esses animais podem ter evoluído para enxergar no escuro, sentir o cheiro do alimento na luz difusa do nascer e do pôr do sol ou criar defesas para não virar presa de alguém. Qualquer que seja sua habilidade, cada criatura escolhe sair a certa hora do dia por uma razão crucial: *sobrevivência*. A natureza é iluminada pelas impressionantes táticas utilizadas com esse objetivo.

Quem você vai encontrar na sua jornada pelo mundo selvagem?

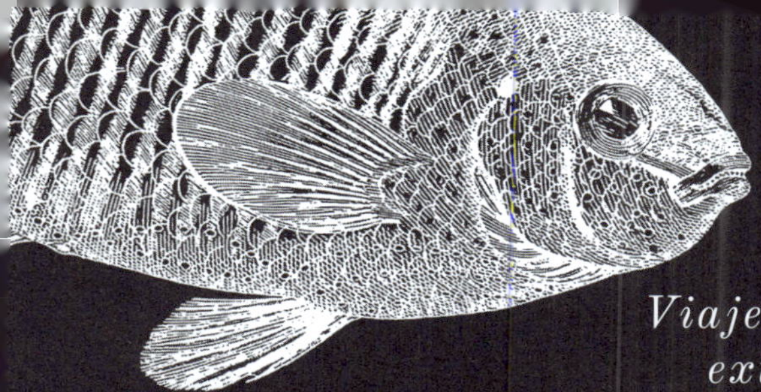

SUMÁRIO

Viaje pelas páginas deste livro e descubra o comportamento extraordinário de animais em dez destinos diferentes.

COMO USAR ESTE LIVRO

DESTINO

Viaje para cada *destino* e descubra os pontos--chave de cada hábitat.

PONTO DE OBSERVAÇÃO

Veja quais animais consegue distinguir a partir do seu *ponto de observação.*

GUIA DAS ESPÉCIES

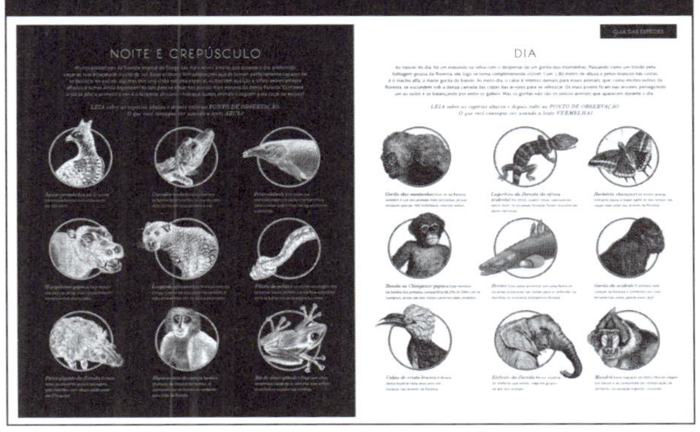

Vire a página para aprender mais sobre cada um deles no *guia das espécies*.

Use a lente *vermelha* para ver as criaturas que vagam durante o dia.

Use a lente *verde* para iluminar a vida vegetal de cada hábitat.

Com a lente *azul* descubra as criaturas noturnas e crepusculares mais difíceis de ver no escuro.

A FLORESTA TROPICAL DO CONGO

A selva que cobre a bacia do rio Congo na África Central está repleta de vida. Com dois milhões de quilômetros, é a segunda maior do mundo, além de ser o lar de alguns dos mais habilidosos caçadores do planeta. Em alguns pontos, só 1% da luz do sol consegue atingir o solo, o que faz da floresta um lugar difícil para se encontrar comida! Da pequena borboleta charaxes, que busca néctar com a ajuda de vários receptores olfativos no corpo, ao leopardo africano, que se desloca com suas patas macias para perseguir as presas, cada criatura que vive aqui evoluiu de modo a criar adaptações especiais que a ajudem a superar as sombras da floresta.

BEM-VINDO À FLORESTA TROPICAL

Destino

Bacia do rio Congo

Continente

África

Países

Camarões, Guiné Equatorial, Gabão, República Democrática do Congo, República do Congo, República Centro-Africana

Hábitats

Floresta tropical, água doce, campo

Tamanho

2.000.000 km²

Quem mora aqui

400 espécies de mamíferos, 1.000 espécies de pássaros e 700 espécies de peixes.

NOITE E CREPÚSCULO

Muitos predadores da floresta tropical do Congo são mais ativos à noite que durante o dia, preferindo caçar ao luar a caçar sob o calor do sol. Essas criaturas têm adaptações que as tornam perfeitamente capazes de se deslocar no escuro: algumas têm uma visão noturna especial, outras têm audição e olfato extremamente aguçados e outras ainda dependem do tato para se situar nos pontos mais escuros da densa floresta. Conforme o sol se põe, o primeiro a sair é o leopardo africano – mas que outros animais o seguem para caçar no escuro?

LEIA sobre as espécies abaixo e depois volte ao PONTO DE OBSERVAÇÃO. O que você consegue ver usando a lente AZUL?

Águia-coroada Esta ave de rapina sobrevoa a floresta a velocidades de até 160 km/h.

Crocodilo-anão O menor membro da família dos crocodilos no mundo, este réptil dorme em tocas durante o dia.

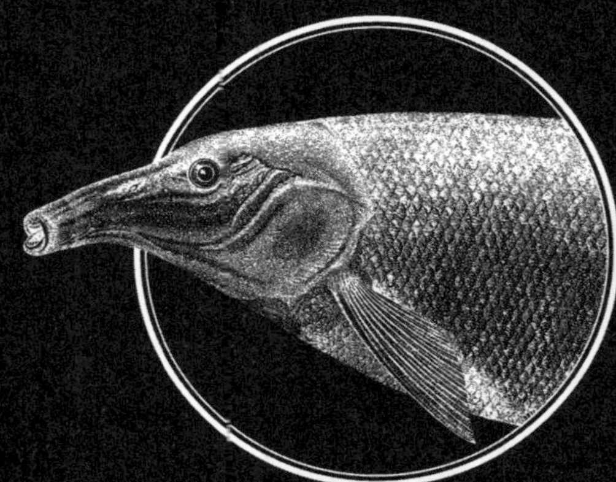

Peixe-elefante Este peixe usa eletropercepção na cauda e na mandíbula para localizar suas presas nas águas escuras e sombrias.

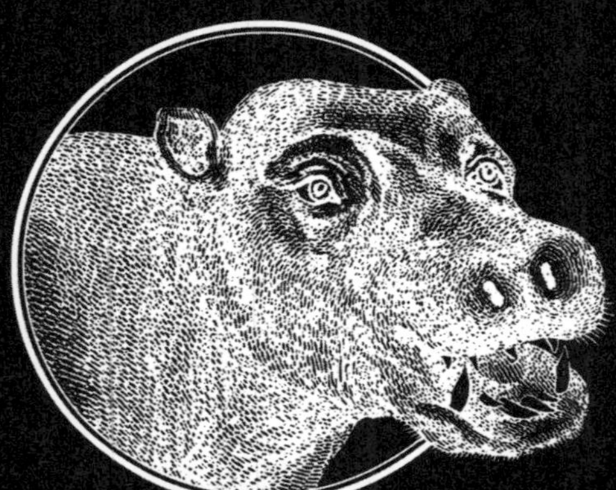

Hipopótamo-pigmeu Para impedir sua pele de rachar, este hipopótamo em miniatura chafurda na lama.

Leopardo africano Este felino pintado do Congo, quando sai para caçar nas sombras, é mais ativo entre o pôr do sol e o amanhecer.

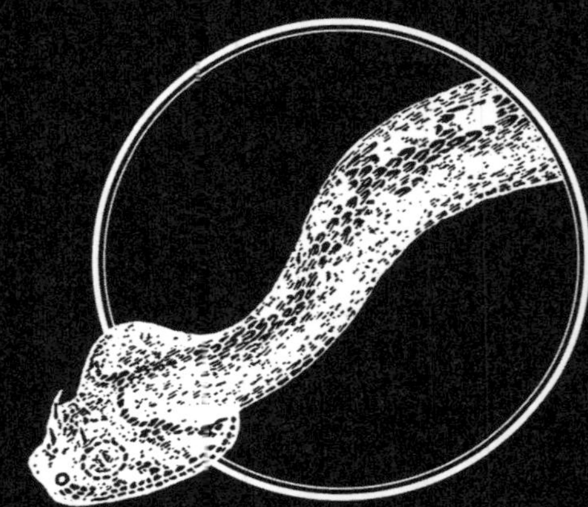

Víbora-do-gabão A excelente camuflagem desta temível víbora permite que ela fique escondida entre as folhas enquanto espera sua presa.

Porco-gigante-da-floresta O maior entre os diferentes porcos selvagens, este mamífero com cascos pode pesar até 275 quilos!

Macaco-cara-de-coruja Também chamado de macaco de Hamlyn, é conhecido por se locomover andando pelo chão da floresta.

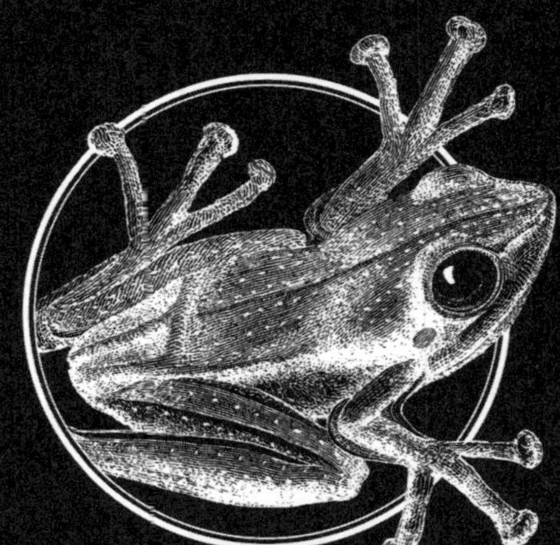

Rã-de-olhos-grandes Com olhos enormes e capaz de se camuflar, este anfíbio é um furtivo caçador nas sombras.

DIA

Ao nascer do dia, há um estrondo na selva com o despertar de um gorila-das-montanhas. Passando como um trovão pela folhagem grossa da floresta, ele logo se torna completamente visível. Com 1,80 metro de altura e pelos brancos nas costas, é o macho alfa, o maior gorila do bando. Ao meio-dia, o calor é intenso demais para esses animais, que, como muitos outros da floresta, se escondem sob a densa camada das copas das árvores para se refrescar. Os mais jovens ficam nas árvores, perseguindo um ao outro e se balançando por entre os galhos. Mas os gorilas não são os únicos animais que aparecem durante o dia...

LEIA sobre as espécies abaixo e depois volte ao PONTO DE OBSERVAÇÃO.
O que você consegue ver usando a lente VERMELHA?

Gorila-das-montanhas Este rei da floresta também é um dos animais mais preciosos, já que restaram apenas 700 indivíduos vivendo soltos.

Lagartixa-da-floresta-da-áfrica-ocidental Em 2010, quatro novas subespécies deste réptil de escamas listradas foram descobertas pelos cientistas.

Borboleta charaxes Este inseto laranja brilhante passa a maior parte de seu tempo nas copas mais altas das árvores da floresta.

Bonobo ou *Chimpanzé-pigmeu* Este membro da família dos primatas compartilha 98,5% de DNA com os humanos, sendo um dos nossos parentes mais próximos.

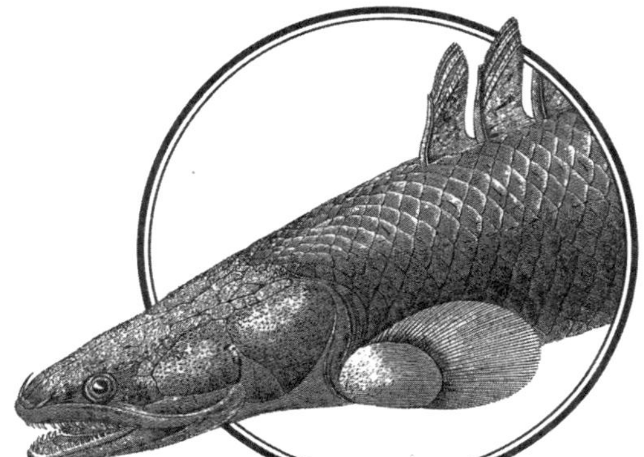

Birchir Este peixe ancestral tem uma fileira de escamas protetoras nas costas para se defender da mordida de inúmeros predadores ferozes.

Gorila-do-ocidente O primata mais comum da floresta é conhecido por usar ferramentas como pedras para caçar.

Calau-de-crista-branca A fêmea desta espécie bota seus ovos em buracos nas árvores da floresta.

Elefante-da-floresta Menor espécie de elefante que existe, viaja em grupos de até oito animais.

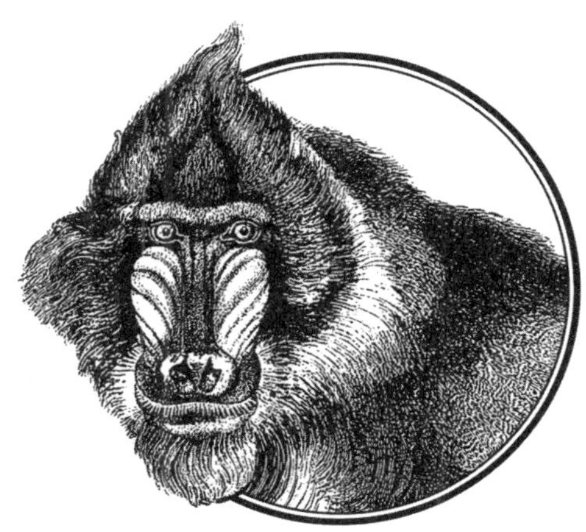

Mandril Estes macacos do Velho Mundo viajam em bando e se comunicam por demarcação de território, vocalização e gestos corporais.

O DESERTO DE SIMPSON

O Deserto de Simpson, um mar infinito de areia vermelha sob o céu azul da Austrália, se estende pelas divisas de dois estados, Queensland e Austrália do Sul, e do Território do Norte, o que o torna o maior deserto de dunas de areia do mundo. É uma região realmente selvagem, onde a vida parece impossível. No entanto, mesmo aqui, animais sobrevivem de maneiras surpreendentemente diversas e incomuns. Das flores selvagens brancas e brilhantes ao minúsculo *Amytornis goyderi*, o ciclo envolvendo noite e dia é estritamente observado por todos os seres vivos, que se aproveitam do orvalho do amanhecer e se escondem dos predadores em meio à grama comprida, do gênero *spinifex*, durante o dia.

BEM-VINDO AO DESERTO

Destino

Deserto de Simpson

Continente

Austrália

País

Austrália

Hábitats

Deserto, campo

Tamanho

176.500 km²

Quem mora aqui

200 espécies de aves, ao menos 34 mamíferos nativos, 13 tipos de peixes, 125 espécies de répteis e 22 de anfíbios.

NOITE E CREPÚSCULO

A maior parte dos moradores do deserto começa o dia quando sua maior ameaça foi para a cama: o sol. Entre as criaturas que se entocam no subsolo ou se abrigam nos campos com gramíneas altas durante o dia, o bilby-grande talvez seja o engenheiro civil mais inusitado. Esse marsupial em miniatura mantém o ar quente afastado tapando o buraco na entrada de sua toca. A coruja-do-capim, por sua vez, mantém a boca aberta para liberar calor enquanto fica à espreita de sua próxima refeição empoleirada em uma das únicas três espécies de árvore desse deserto, a *Acacia cambagei*.

LEIA sobre as espécies abaixo e depois volte ao PONTO DE OBSERVAÇÃO. O que você consegue ver usando a lente AZUL?

Bilby-grande Com patas dianteiras poderosas e um olfato apurado, este marsupial de cauda longa cava à procura dos insetos de que se alimenta.

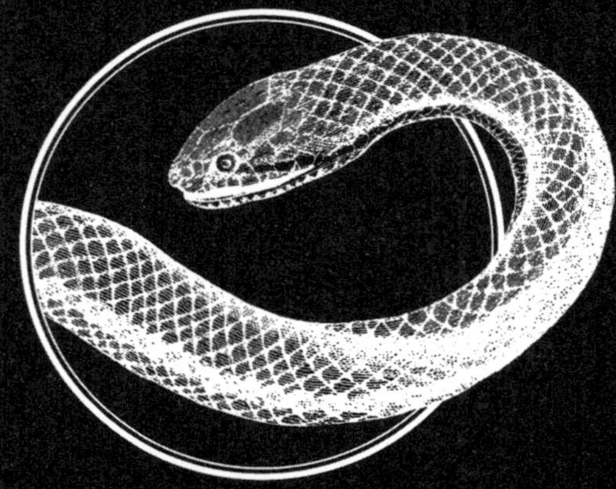

Taipan-do-interior Esta cobra feroz que se alimenta de roedores sobrevive nas rachaduras da terra seca, no solo das planícies e do deserto.

Morcego-de-listras-brancas Este pequeno morcego solta um grito agudo quando está caçando para indicar aos outros onde está a presa.

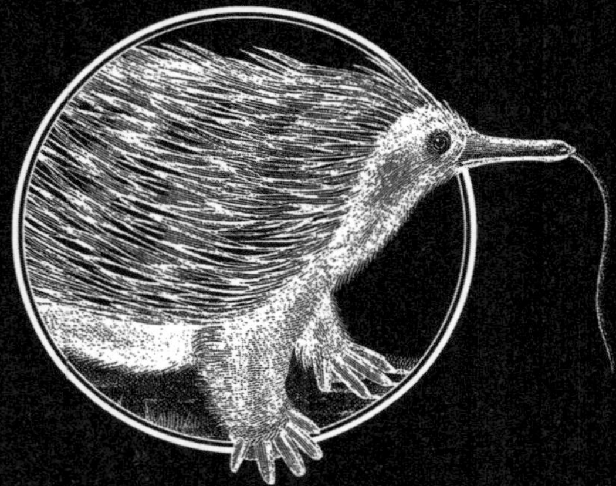

Equidna-de-focinho-curto Esta espécie de tamanduá com espinhos tem focinho pontudo que pode detectar sinais elétricos vindos da presa.

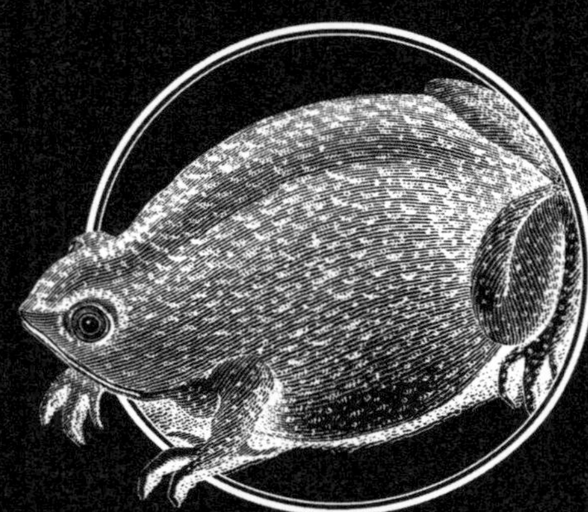

Rã-que-armazena-água Este anfíbio de nome bastante explicativo pode liberar água da bexiga para a boca.

Coruja-do-capim-australiana Esta coruja nômade já foi vista nas árvores do Deserto de Simpson, caçando na escuridão.

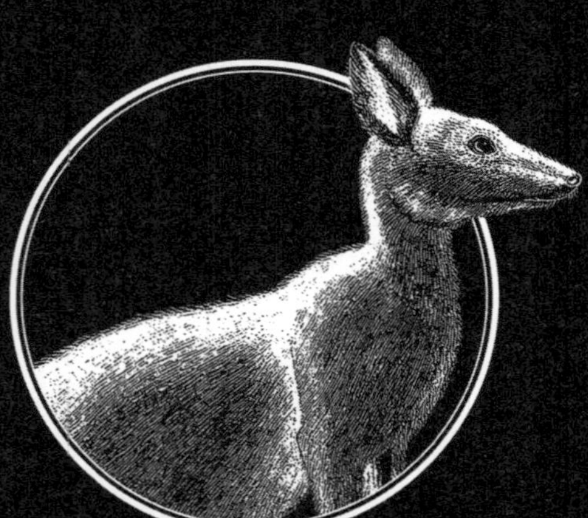

Canguru-vermelho O tendão de aquiles deste herbívoro age como uma mola, reciclando energia a cada pulo.

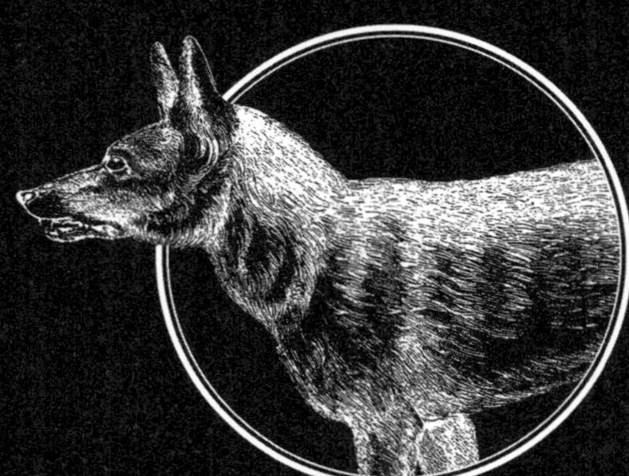

Dingo O lendário cachorro-do-mato do interior da Austrália caça sozinho e em matilha, viajando grandes distâncias para encontrar comida.

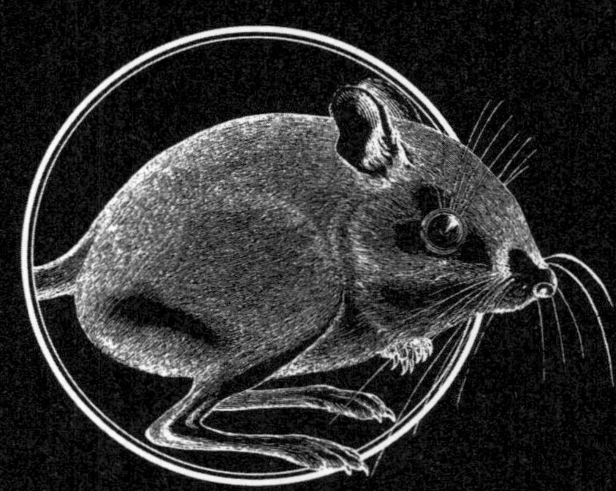

Tarkawara Este roedor vive escondido nas gramíneas do deserto e pode elevar sua temperatura corporal para que o hábitat pareça mais fresco.

DIA

Conforme os primeiros raios de sol aparecem sobre as dunas, os caçadores diurnos do deserto despertam. Lagartos como o varano-gigante e o dragão-barbudo se mantêm ativos nos períodos de maior calor do dia, movendo-se depressa sobre a areia quente e parando para descansar em pontos de sombra, mais frescos. Com patas traseiras fortes, seus corpos absorvem menos calor da superfície enquanto correm. Outros caçadores, como o francelho-de-barba-cinzenta, têm uma visão adaptada que se aproxima da luz ultravioleta e permite que detectem traços de urina invisíveis cercando tocas de roedores.

LEIA sobre as espécies abaixo e depois volte ao PONTO DE OBSERVAÇÃO. O que você consegue ver usando a lente VERMELHA?

Dromedário Esta espécie de camelo come gramíneas e arbustos, conseguindo a maior parte da água de que necessita dos alimentos.

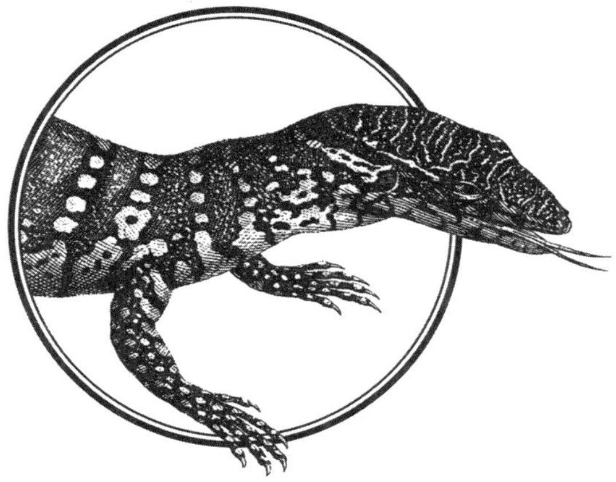

Varano-gigante Com uma língua bifurcada capaz de captar o cheiro de comida no ar, este lagarto monitor caça nas horas mais quentes e úmidas do dia.

Dragão-barbudo Este réptil do deserto tem escamas pontudas que mudam de cor no período reprodutivo ou na presença de possíveis predadores.

Francelho-de-barba-cinzenta Assim que localiza sua presa, este pássaro vai para o solo silenciosamente e pula em cima dela.

Amytornis goyderi Este passarinho é conhecido por "saltar" para trás na areia, para descobrir comida enterrada.

Rato-marsupial-de-rabo-de-pincel Como outros mamíferos australianos, as fêmeas dessa espécie de ratos carregam os filhotes em uma bolsa. Toda a água de que precisa é retirada da comida.

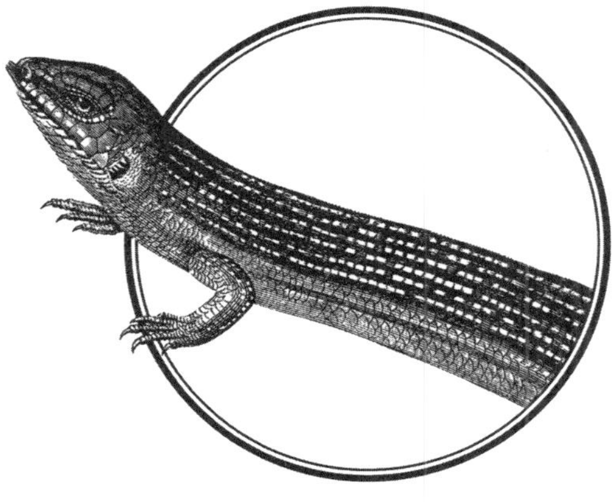

Escíncido-da-areia Este réptil persegue sua presa correndo a toda velocidade, já que seu corpo leve não afunda na areia do deserto.

Diabo-espinhoso Os espinhos ao longo do corpo deste lagarto ajudam-no a canalizar até a boca o orvalho que se forma sobre ele durante a noite.

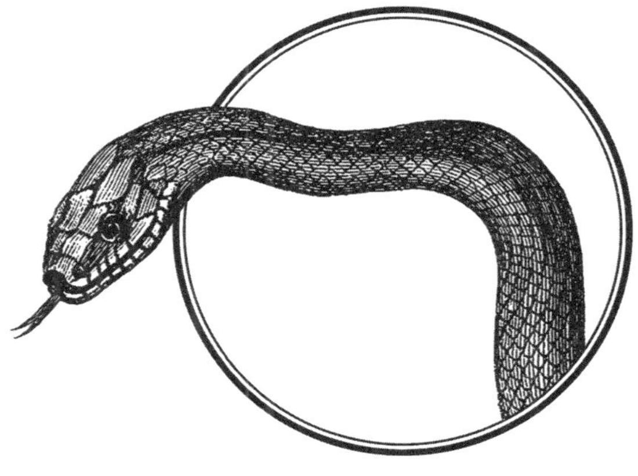

Cobra-chicote-de-cara-amarela Esta cobra colorida é conhecida por seus reflexos excelentes, sendo capaz de perseguir e capturar lagartos velozes.

O LAGO LOMOND

O maior corpo de água doce da Escócia também é um dos mais frios: nas noites de inverno, as temperaturas podem cair abaixo de zero. Os animais que vivem dentro do lago e em volta dele são tão selvagens quanto os mitos e lendas a seu respeito: hordas de veados-vermelhos livres coexistem com esquilos-vermelhos, cervos batendo os chifres em disputa, castores, tartaranhões-azulados e a estimada ave selvagem nacional, o esquivo tetraz. Mais de um quarto das espécies botânicas britânicas podem ser encontradas dentro ou em volta desse lago. Conforme a noite cai, a felosa-assobiadeira dá as boas-vindas à escuridão com um chilreio tão alto que nem mesmo aqueles que dormem mais profundamente podem ignorar.

BEM-VINDO AO LAGO

Destino

Lago Lomond

Continente

Europa

País

Escócia

Hábitats

Lago e bosque

Tamanho

700 km²

Quem mora aqui

A vida selvagem do lago e do bosque que o cerca, um dos hábitats mais diversos do Reino Unido, envolve mais de 500 espécies.

NOITE E CREPÚSCULO

No inverno, a escuridão cai cedo sobre o lago, mas as águas calmas e paradas ganham vida graças às mais de duzentas espécies de caçadores noturnos. Um dos moradores mais carismáticos do lago, a lontra-europeia, sai para se alimentar, tendo passado a maior parte do dia na sua toca ao lado do lago. No entanto, é pouco provável que você veja a lontra em seu trajeto da terra para a água, já que a maior parte dele é subterrâneo. A noite toda, esse caçador de bigodes procura por suas presas na terra e na água, sejam pássaros, sapos ou até mesmo pequenos castores.

LEIA sobre as espécies abaixo e depois volte ao PONTO DE OBSERVAÇÃO. O que você consegue ver usando a lente AZUL?

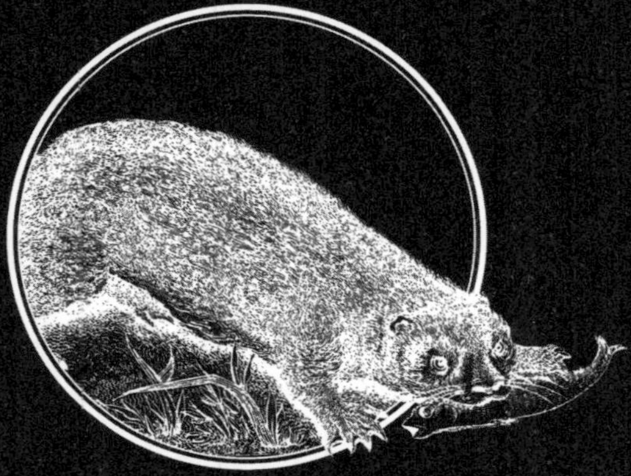

Lontra-europeia Excelente nadadora, essa criatura usa seus bigodes sensíveis para detectar a presa debaixo d'água.

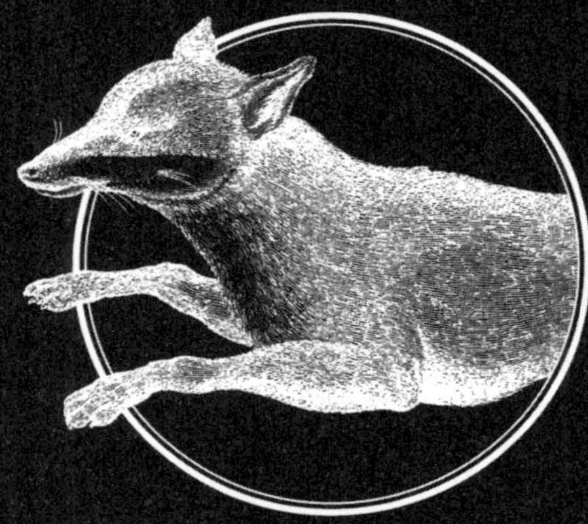

Raposa-vermelha Coberta de pelos ruivos, esta caçadora furtiva tem uma audição apurada, que utiliza para encontrar sua presa.

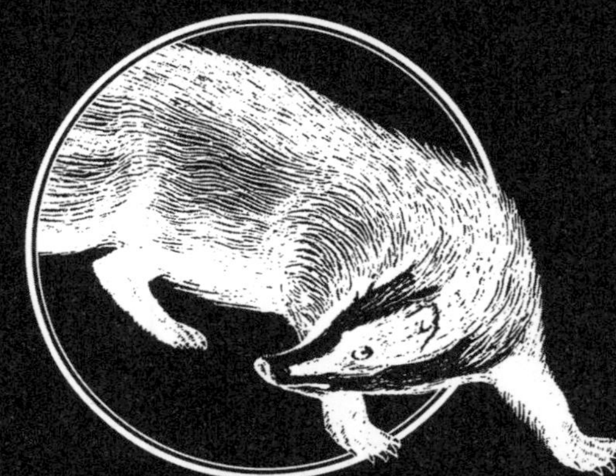

Texugo Este onívoro listrado de patas curtas é uma draga – come qualquer coisa que consiga encontrar no escuro!

Ouriço-pigmeu No crepúsculo, esta criatura – que tem mais de 5 mil espinhos – pode ser vista às margens do lago, procurando por vermes.

Felosa-assobiadeira Este pássaro, que constrói seus ninhos no chão do bosque que circunda o lago, foi nomeado pelo som que produz.

Marta Encontrado nas árvores em volta do lago, este predador também acha abrigo nas tocas dos troncos durante o inverno.

Truta Este peixe pode rapidamente mudar de cor, ficando mais escuro quando perseguido por predadores noturnos.

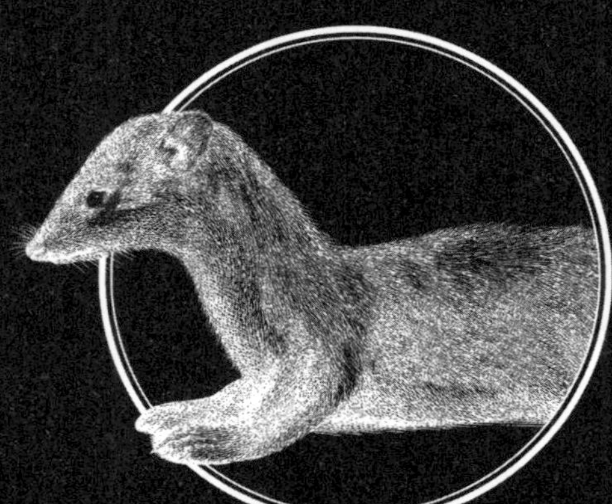

Visom Este animal semiaquático constrói sua toca às margens do lago, saindo para caçar quando o sol se põe.

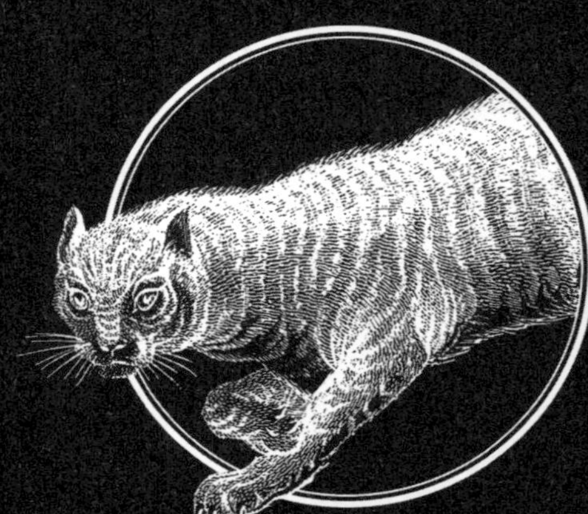

Gato-selvagem escocês Com visão e audição excepcionais, este raro felino da floresta caça à beira do lago e nas árvores que o margeiam.

DIA

Conforme a madrugada se transforma em dia, o pássaro nacional escocês, o tetraz, está começando seu cortejo sexual. O macho se posiciona em uma árvore alta com vista para o lago, abana a cauda, endireita o pescoço e aponta o bico para o céu, despertando os outros animais na água e no bosque em volta com seu canto alto e único. Em geral, trata-se de uma série de cliques duplos, como uma bola de pingue-pongue caindo, que acelera gradualmente em um som de estalo, como o de uma rolha sendo tirada da garrafa. Outro dia começa!

LEIA sobre as espécies abaixo e depois volte ao PONTO DE OBSERVAÇÃO. O que você consegue ver usando a lente VERMELHA?

Tetraz O membro mais alto e mais barulhento da família *Phasianidae* se alimenta do pinhão rico em proteína que encontra em volta do lago.

Esquilo-cinzento Este animal que foi introduzido nos Estados Unidos avisa os outros do perigo por meio de diferentes sons e do ranger de dentes.

Veado-vermelho O maior mamífero britânico tem galhada de até 66 centímetros de altura. Segue uma dieta vegetariana, baseada em gramíneas e folhas.

Tetraz-negro ou Galo-lira Esta criatura confere o toque mágico do início da manhã às redondezas do lago com seus arrulhos e sua dança ornamentada.

Ganso-de-bico-curto Esse ganso migratório passa o inverno no lago, pastoreando pela grama em volta durante o dia.

Águia-real Poderosa, majestosa, rara e esquiva, esta águia se alimenta de coelhos e tetrazes próximos ao lago.

Corça No verão, é possível ouvir os ruídos altos de acasalamento deste tímido cervo que habita o bosque em volta do lago, chamados de "latido".

Êider-edredão Esta espécie de pato constrói seu ninho na margem do lago acrescentando a ele um cobertor de penas retiradas do peito da fêmea.

Rato-dos-lameiros Mais ativos à luz do dia, estes roedores cavam os buracos onde dormem e entradas subaquáticas para suas tocas.

A CORDILHEIRA DOS ANDES

Os enormes picos da maior cadeia de montanhas do mundo tiram o fôlego daqueles que fazem trilhas por eles ou os escalam, mas também são o lar de animais de todos os tamanhos e formas. Estendendo-se de norte a sul da costa oeste da América do Sul, os residentes da cordilheira aprenderam a sobreviver com clima seco, altitudes consideráveis e invernos bem frios. Com patas, caudas e orelhas mais curtas que muitos outros mamíferos (para reduzir a perda de calor), além de pulmões maiores para compensar os baixos níveis de oxigênio, os animais selvagens andinos sabem como encontrar comida mesmo a 6 mil metros de altitude!

BEM-VINDO À MONTANHA

Destino

Os Andes

Continente

América do Sul

Países

Venezuela, Colômbia, Equador, Chile, Peru, Bolívia e Argentina

Hábitats

Montanha, floresta de altitude

Tamanho

7.000 km²

Quem mora aqui

600 espécies de mamíferos, 1.700 de pássaros, 600 de répteis, 400 de peixes e mais de 200 de anfíbios.

NOITE E CREPÚSCULO

Nos Andes, a noite é o momento em que o grande felino mais bem adaptado do mundo sai para brincar. Esse animal furtivo que atende por muitos nomes, incluindo leão-baio, puma e onça-parda, tem uma importante habilidade: a paciência. Como não é um grande corredor de curta ou longa distância, ele conta com a discrição e o fator surpresa quando persegue outro animal, atravessando o cerrado aberto e as costas íngremes dos Andes onde os huemuls descansam. Nas profundezas da noite, chega o momento de atacar e depois arrastar a presa para uma área reservada onde a onça-parda pode se alimentar sem ser perturbada.

LEIA sobre as espécies abaixo e depois volte ao PONTO DE OBSERVAÇÃO. O que você consegue ver usando a lente AZUL?

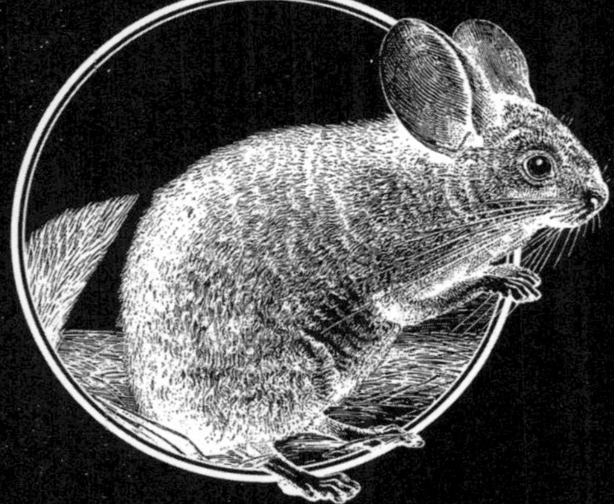

Chinchila Este roedor tem visão limitada, mas usa os bigodes, que têm o dobro do comprimento do corpo, para se localizar.

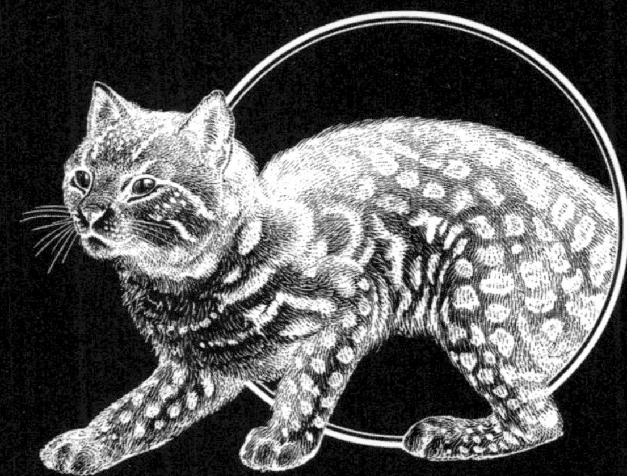

Gato-andino Este pequeno felino usa sua audição apurada para caçar no nascer e no pôr do sol.

Onça-parda ou Puma O caçador mais paciente da montanha consegue, sentado, saltar cinco metros para a frente e pular até doze metros de altura.

Coruja-buraqueira Ativa durante o dia e à noite, esta coruja recolhe estrume de mamífero para atrair os besouros de que se alimenta.

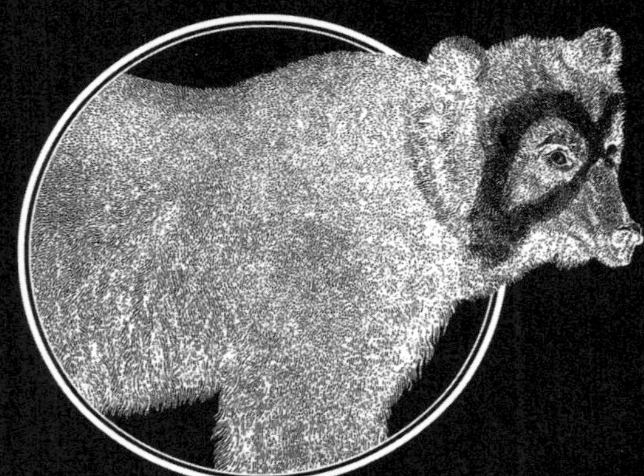

Urso-de-óculos Este animal que sobe em árvores caça apenas à noite na floresta de altitude.

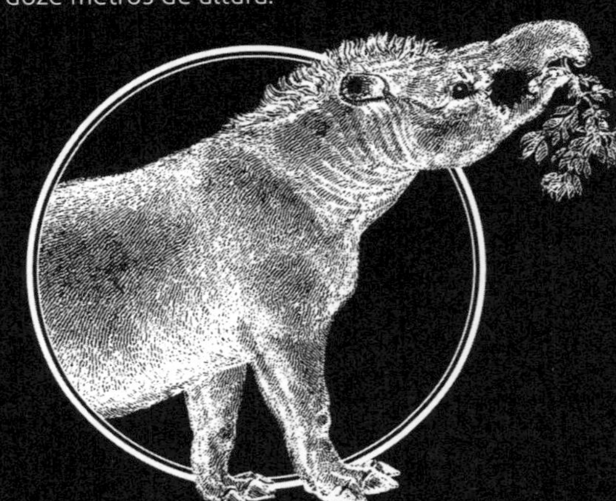

Anta-da-montanha Tem um focinho flexível para encontrar comida e uma pelagem grossa para suportar o frio extremo.

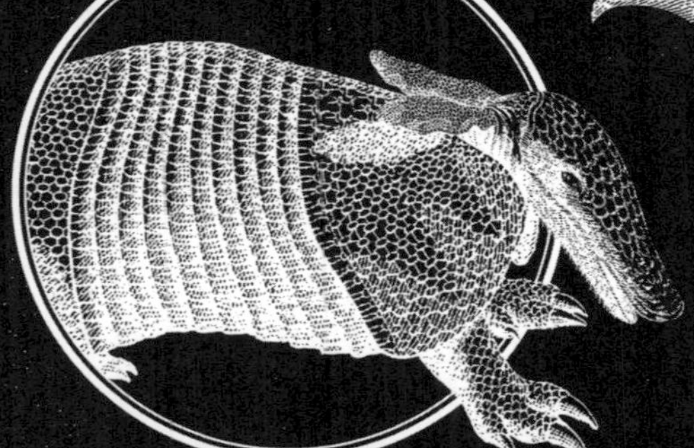

Tatu Único mamífero com casco grosso, esta espécie tem uma língua pegajosa que pode entrar em formigueiros e cupinzeiros.

Morcego-narigudo Este animal emite um ruído que rebate em objetos próximos e produz um eco que o ajuda a localizar sua próxima refeição.

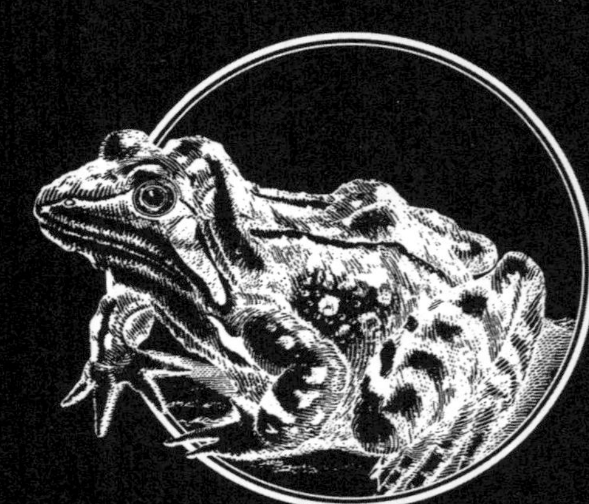

Rã-do-titicaca Este animal tem muitas camadas de pele rica em vasos capilares, o que lhe permite respirar debaixo d'água.

DIA

Conforme o sol nasce e ruma para o alto das montanhas, o condor-dos-andes agita suas asas em preparação para o voo matinal. Com a maior envergadura do mundo, esse abutre encontra as regiões da montanha onde mais venta e inicia sua jornada por ali – procurando por comida que tenha sido caçada e abandonada por outros animais. Embora dependa de outros predadores para se alimentar, o condor desempenha um papel vital na vida na montanha, limpando os restos dos outros. Sua excelente visão permite que as sobras sejam localizadas facilmente à luz do dia.

LEIA sobre as espécies abaixo e depois volte ao PONTO DE OBSERVAÇÃO. O que você consegue ver usando a lente VERMELHA?

Alpaca Mantido quente por seu casaco desgrenhado, este membro domesticado da família do camelo se alimenta da vegetação das altitudes elevadas.

Vicunha O animal nacional do Peru alerta o rebanho da presença de predadores com um lamento agudo e atrai parceiros sexuais com um som gutural ou um zumbido.

Condor-dos-andes Com uma cabeça sem penas que facilita a alimentação por restos, este abutre tem grandes chances de encontrar comida.

Lhama Treinada para carregar mercadorias para os homens em altitudes elevadas, essa espécie é conhecida por assobiar e cuspir quando está sobrecarregada!

Quati Este mamífero de cauda listrada usa seu focinho flexível para encontrar comida nas árvores e no chão das florestas andinas.

Huemul O cervo sul-andino que corre risco de extinção é bem adaptado em terreno difícil e entrecortado por sua constituição corpulenta e pernas curtas.

Ganso-andino Este pássaro de estrutura forte vive nos lagos e brejos dos pontos mais altos dos Andes e é muito protetor em relação ao seu território.

Galo-da-serra Este pássaro de cabeça colorida gosta de aparecer, fazendo o cortejo sexual de forma muito impressionante.

Raposa-colorada Um oportunista, este animal vive de sobras de outros caçadores, como coelhos e outros roedores.

OS MARES DE WEDDELL E ROSS

As paisagens polares da Antártica podem parecer um deserto congelado, mas estudos recentes mostram que o oceano da região abriga muito mais vida do que se pensava. Dois de seus mares mais importantes são o Weddell e o Ross. Lar de famílias de baleias e de focas, suas águas são consideradas o último exemplo mundial de um ecossistema marinho saudável e um laboratório vivo para cientistas que tentam compreender o funcionamento interno da natureza. Mesmo com 24 horas de luz do sol no auge do verão e uma longa noite escura no inverno congelante, algumas espécies ainda conseguem regular seu relógio interno para se proteger do frio.

BEM-VINDO AOS MARES POLARES

Destino

Mares Weddell e Ross

Continente

Antártida

Hábitat

Mar

Tamanho

Ross: 3.600.000 km²
Weddell: 2.800.000 km²

Quem mora aqui

Focas, baleias, pinguins, petréis, albatrozes, krill e centenas de espécies de plânctons.

NOITE E CREPÚSCULO

De setembro a março, a Antártida experimenta horas estendidas de luz solar. No auge, em dezembro, o sol fica mais de duas semanas sem se pôr. Cientistas descobriram que o comportamento de alguns animais ainda segue os padrões de dia e noite durante esse período: mamíferos como focas mergulham em águas mais rasas durante os meses de verão, quando suas presas, basicamente lulas e pequenos peixes, ficam mais próximas da superfície da água para se alimentar. Os animais noturnos e crepusculares da região, no entanto, sempre conseguem encontrar a escuridão. É tudo uma questão de quão profundamente se mergulha...

LEIA sobre as espécies abaixo e depois volte ao PONTO DE OBSERVAÇÃO. O que você consegue ver usando a lente AZUL?

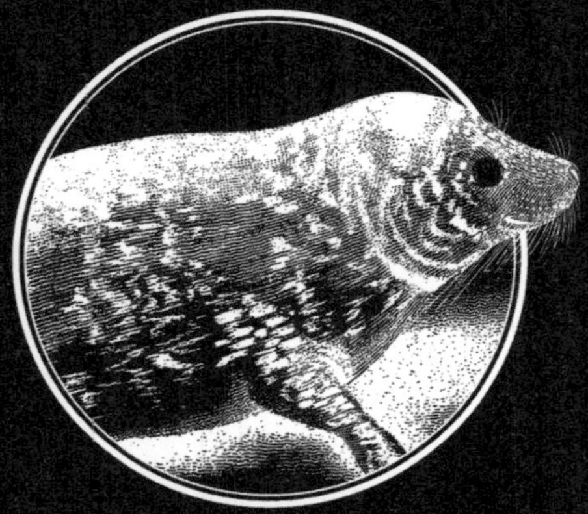

Foca-de-weddell Este animal mergulha fundo e nada de volta à superfície para que sua presa seja iluminada pelo gelo acima.

Foca-leopardo O maior caçador de sua família, este animal se alimenta inclusive de outras focas.

Foca-caranguejeira Esta curiosa foca se reúne com outras em volta de respiratórios no gelo para absorver oxigênio depois de caçar ou brincar.

Painho-de-barriga-preta Durante o período reprodutivo, esta ave monogâmica é gerada em colônias noturnas.

Petrel-das-neves Esse pássaro branco da Antártida se alimenta no mar, mas se reproduz no gelo, mais ao sul que qualquer outro.

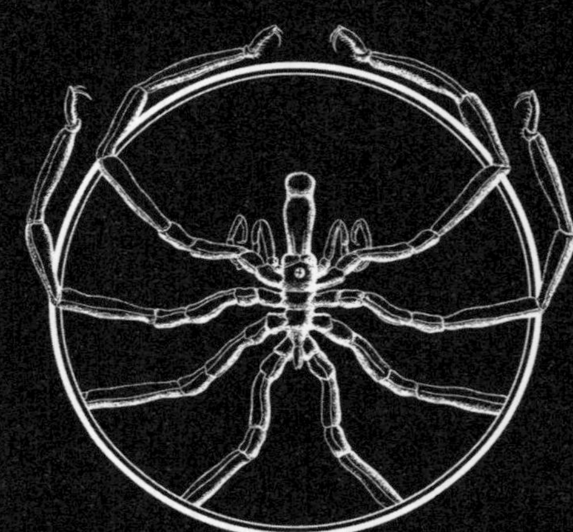

Aranha-do-mar Pouco se sabe sobre essa espécie que habita recantos escuros do leito marinho e se alimenta de anêmonas.

Peixe-gelo O sangue deste peixe extraordinário nunca congela por causa de uma substância específica que seu corpo produz.

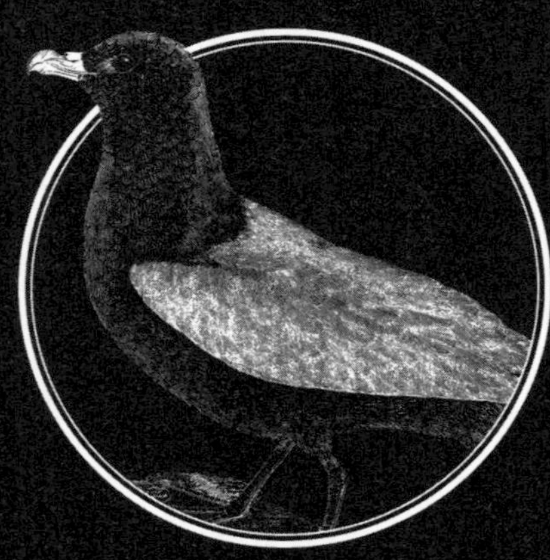

Pardelão-prateado Este pássaro migratório faz seu ninho em uma colônia num penhasco, botando um único ovo sobre uma saliência ou uma fenda.

Lobo-marinho-antártico Este animal mergulha a profundidades de 30 a 40 metros para capturar sua presa, usando visão e audição apuradas.

DIA

Passar um dia de inverno na Antártida é como sair para passear no lugar mais frio e desolado da Terra, com um vento cortante. No entanto, no auge da estação, animais diurnos como o pinguim-imperador se reproduzem. Os machos suportam condições extremas, cuidando do ovo no gelo por meses, enquanto as fêmeas vão para o mar em busca de comida. Lá, preparam suas reservas antes de retornar semanas depois, com comida para a família faminta. Enquanto isso, os machos se mantêm quentes se revezando nas bordas, onde é mais frio, em grupos de até mil pinguins amontoados.

LEIA sobre as espécies abaixo e depois volte ao PONTO DE OBSERVAÇÃO. O que você consegue ver usando a lente VERMELHA?

Pinguim-imperador Um dos melhores nadadores da região, este pinguim caça deslizando pela água em alta velocidade.

Pinguim-rei Um pinguim jovem não pode caçar até que suas penas à prova d'água tenham crescido e então ele se alimenta de peixes previamente digeridos por seus pais.

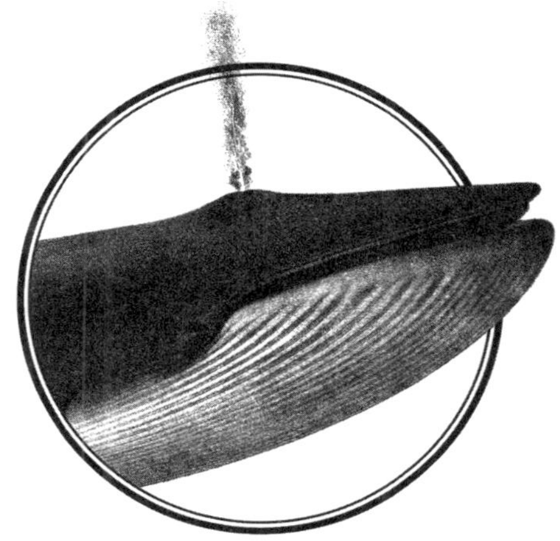

Baleia-anã Esta curiosa criatura tem até 70 estrias na garganta, permitindo que ela engula as presas com grandes goles de água.

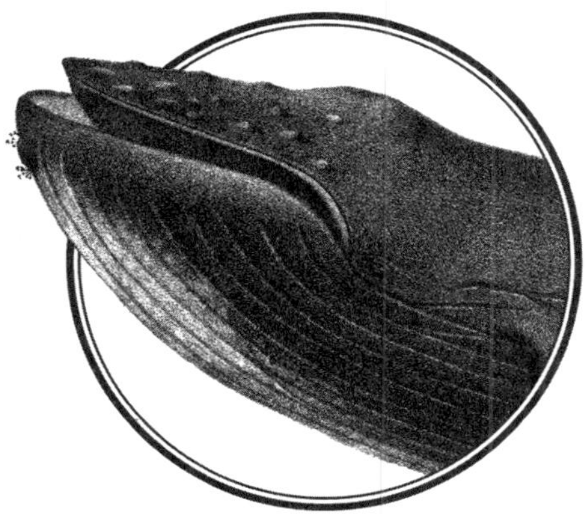

Jubarte Cientistas acreditam que o canto desta baleia é usado para ela se comunicar e atrair parceiros em potencial.

Orca A famosa baleia assassina dos mares caça em grupos de até quarenta animais da mesma família.

Pinguim-de-adélia No outono, este animal anda até 50 quilômetros do seu ninho em terra firme até o mar aberto, e então retorna na primavera.

Moleiro-do-sul Esta ave polar se reproduz na costa antártica, botando dois ovos, em novembro e dezembro.

Golfinho-cruzado A fêmea desta espécie cuida dos filhotes, que saem nadando com a mãe assim que nascem.

Caminheiro-antártico O único passarinho da Antártida constrói seu ninho com grama seca e se alimenta de pequenos insetos e aranhas.

A FLORESTA DE REDWOOD

Caminhar pela antiga floresta de Redwood é um pouco como descobrir uma nova cidade, só que feita de árvores. Os troncos dignos de arranha-céus que tornam esse ecossistema uma atração mundialmente reconhecida são de uma variedade de sequoias caracterizadas pela casca cor de canela e altura extrema. Os animais que vivem neles são variados: alguns, como a torda-miúda-marmorada, descansam nas copas, enquanto outros, como as salamandras, se mantêm fora de vista, no chão da floresta. Criaturas inteligentes, como a tâmia-de-sonoma, encontram refúgio nos troncos de até um metro de espessura dessas árvores, escondidas dos olhos de quem passa...

BEM-VINDO À FLORESTA

Destino

Floresta de Redwood

Continente

América do Norte

País

Estados Unidos

Hábitat

Floresta temperada

Tamanho

455 km²

Quem mora aqui

4.600 espécies de plantas e animais nativos, incluindo águias, uapitis, ursos, corujas, morcegos, raposas e ratos-do-campo.

NOITE E CREPÚSCULO

O sol baixa no horizonte e a floresta logo se transforma em um veludo preto. Flanqueada pelas árvores gigantes, a coruja-pintada-do-norte recebe a noite quebrando o silêncio: "uh-uh!". Essas corujas não gostam que seu hábitat seja perturbado e são conhecidas por descansar na mesma sequoia na maior parte de sua vida adulta. Dessa posição privilegiada, elas podem avistar sua presa preferida – o esquilo-voador. Elas também são conhecidas por ficar completamente imóveis e então atacar esses animais em pleno voo, quando eles também estão à caça de seu café da manhã.

LEIA sobre as espécies abaixo e depois volte ao PONTO DE OBSERVAÇÃO. O que você consegue ver usando a lente AZUL?

Coruja-pintada-do-norte Com um modo único de voar, esta caçadora corta os céus silenciosamente para arrebatar sua presa.

Coiote Esta criatura cheia de recursos é capaz de correr a uma velocidade de até 65 km/h.

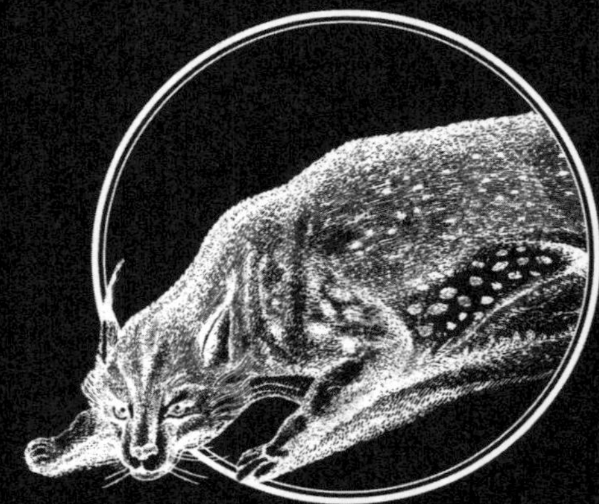

Lince-pardo O lince mais comum da América do Norte vive sozinho, caçando suas presas com discrição e demarcando seu território através do cheiro.

Raposa-cinzenta Exímia em escaladas, ela pode subir e descer de árvores para capturar coelhos, ratos e insetos.

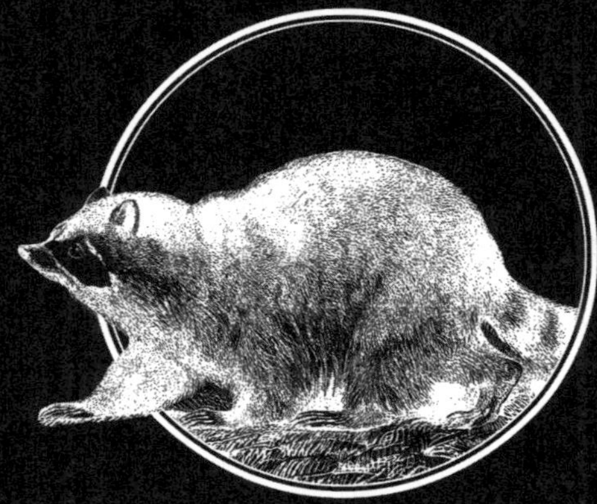

Guaxinim Esta criatura ágil de rabo listrado usa as patas dianteiras e os dedos longos para encontrar e devorar sua presa na noite.

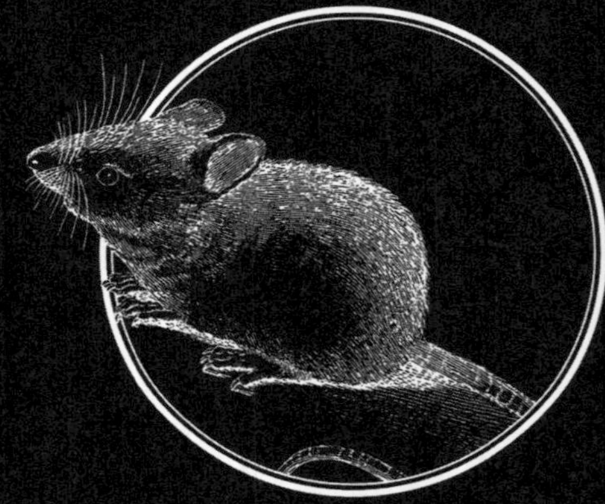

Rato-trocador-de-pata-escura Este roedor que se locomove por entre os galhos das árvores usa o rabo para afastar os predadores.

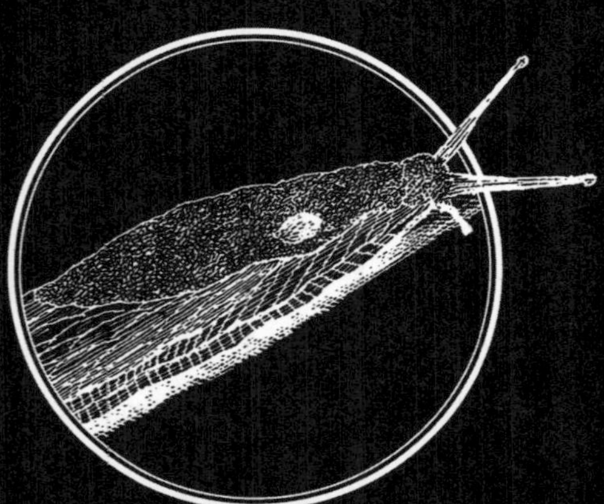

Ariolimax Os tentáculos na cabeça deste molusco principalmente noturno são equipados com órgãos sensoriais para detectar a presa no escuro.

Veado-mula Mais ativa no crepúsculo, esta espécie se comunica por meio de glândulas localizadas nas patas traseiras.

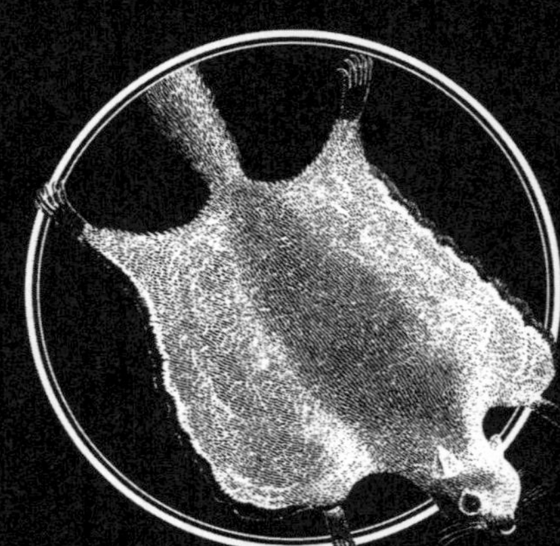

Esquilo-voador-do-norte Planando de árvore em árvore, este esquilo caça com a ajuda de suas pupilas enormes, que o auxiliam a enxergar no escuro.

DIA

A luz do sol chega devagar à floresta, iluminando as árvores gigantescas da copa ao solo. Uma das criaturas mais ferozes da floresta é a primeira a se mover – o urso-negro! Esses poderosos animais têm uma rotina diária e fazem uma sinfonia rosnando e bufando antes de começar sua caçada matinal. O urso-negro é um atleta ágil: com suas garras curtas e suas patas traseiras poderosas, pode pegar sua presa no chão ou mais acima na floresta. O que acha que vai capturar nessa caçada matinal?

LEIA sobre as espécies abaixo e depois volte ao PONTO DE OBSERVAÇÃO. O que você consegue ver usando a lente VERMELHA?

Tâmia-de-sonoma Mais ativo durante o dia, este animal guarda comida nas bochechas para levar até sua toca, onde a armazena.

Torda-miúda-marmorada Diferente de outros pássaros que formam ninhos em colônias, esta criatura prefere as copas das árvores, botando ovos em meio ao musgo e líquen.

Águia-de-cabeça-branca O olho desse temível predador da floresta é quase tão grande quanto o humano e quatro vezes mais afiado!

Uapiti-roosevelt Quando há predadores em vista, este cervo recolhe o lábio inferior, range os dentes e assobia levemente para comunicar à família.

Urso-negro A mãe ensina ao filhote como pescar e caçar mamíferos, assim como se alimentar de raízes, frutinhas, gramíneas e insetos.

Gaio-de-steller Um dos poucos no mundo a construir um ninho misturado com lama, este pássaro se alimenta de oleaginosas, sementes e bolotas.

Garça-azul-grande Esta ave que perambula pelos córregos e rios da floresta é uma pescadora experiente, capturando o alimento com um único mergulho.

Rana boylii Também encontrado nos recursos hídricos da floresta, este anfíbio bota ovos em massa sobre plantas subaquáticas.

Borboleta-monarca A borboleta migratória mais famosa do mundo usa os olhos para localizar flores, e as antenas para sentir o cheiro do néctar.

A TAIGA DA SIBÉRIA ORIENTAL

Localizada entre o rio Ienissei e a Cordilheira Verkhoyansk na Rússia, esta é uma das florestas naturais mais extensas que restaram no mundo. Também é uma terra de extremos cujos habitantes precisam negociar a cada estação. No inverno, as temperaturas caem a -24°C, a neve cobre as copas das árvores e uma camada de gelo se forma sobre o solo. No verão, há uma breve onda de calor, quando as temperaturas chegam a 40°C, descongelando o chão. Residentes migratórios como o rouxinol-russo desfrutam do verão ali, mas evitam o inverno por completo; a pelagem do tigre-siberiano engrossa no inverno, e no verão ele usa as listras para se esconder enquanto se banha nos lagos e rios da floresta.

BEM-VINDO À TAIGA

Destino

Taiga da Sibéria Oriental

Continente

Ásia

País

Rússia

Hábitat

Floresta boreal

Tamanho

3.900.000 km²

Quem mora aqui

As maiores populações russas de ursos-pardos, alces e lobos, assim como predadores importantes de aves como o falcão-peregrino.

NOITE E CREPÚSCULO

Na maior parte do ano, o crepúsculo chega cedo à taiga, onde vivem algumas das criaturas mais resistentes do mundo. O rouxinol-russo, que habita a floresta nos meses de verão, inicia a noite com seu canto alto, despertando os muitos predadores da floresta que se aproveitam das temperaturas dessa estação do ano para capturar as presas que demoraram demais para se recolher. No inverno, alguns animais hibernam enquanto outros migram. Aqueles que ficam, como o tigre, o lince e o lobo, dependem de sua visão noturna e de uma grossa camada de pelo para garantir uma boa caçada.

LEIA sobre as espécies abaixo e depois volte ao PONTO DE OBSERVAÇÃO. O que você consegue ver usando a lente AZUL?

Urso-pardo Escondido sob o manto escuro da longa noite, este urso surpreende sua presa saindo de trás dos pinheiros.

Lobo Quando a lua está alta, o lobo uiva para a alcateia, sinalizando que é hora da primeira caçada da noite.

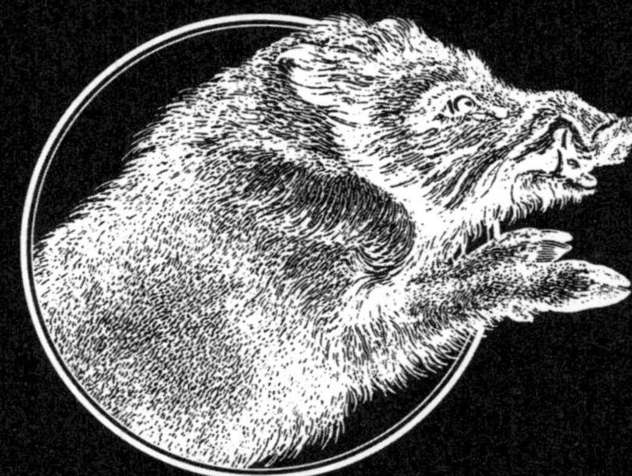

Javali Escondido nas partes mais densas da floresta, este javali sai no crepúsculo e usa seu olfato apurado para caçar.

Rouxinol-russo O macho da espécie assovia, gorjeia e produz estalidos à noite para cortejar as fêmeas.

Almiscareiro Com caninos pronunciados e cascos longos e pontudos, este cervo se alimenta de líquen à noite.

Lince-eurasiático Este carnívoro tem uma grossa pelagem para se camuflar, que muda de cor de uma estação a outra.

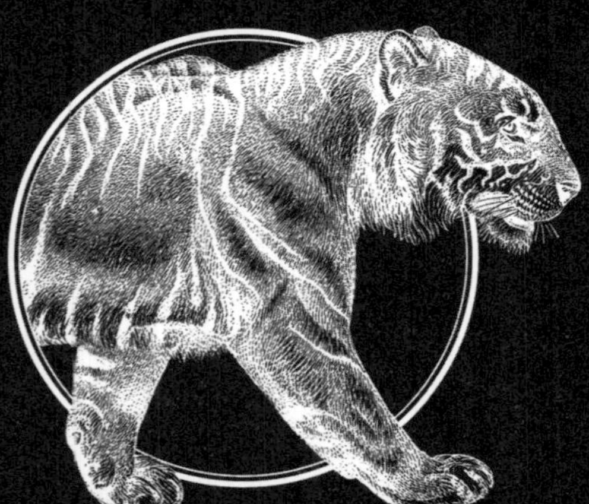

Tigre-siberiano A floresta densa torna esse hábitat um dos únicos lugares no mundo onde o tigre pode vagar e caçar livremente.

Coruja-cinzenta Empoleirada numa árvore, esta coruja pode localizar a presa se movendo abaixo de 60 cm de neve!

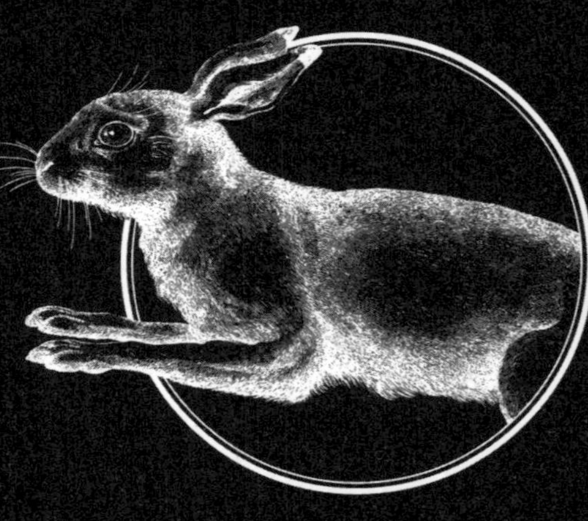

Lebre Branca como a neve no inverno e marrom no verão, este animal é o mestre dos disfarces da taiga.

DIA

Os herbívoros da taiga também têm adaptações especiais para garantir que a comida seja farta independentemente do período do dia. O uapiti é uma das poucas espécies no mundo que pode comer e digerir folhas de pinheiro e de abetos, fontes alimentares disponíveis o ano inteiro. Suas patas são muito longas, o que ajuda na movimentação em meio à folhagem densa da floresta, e seus olhos, posicionados claramente nas laterais da cabeça, são sua principal ferramenta de caça. Outras criaturas diurnas, como o falcão-peregrino, também dependem de sua visão afiada para sobreviver.

LEIA sobre as espécies abaixo e depois volte ao PONTO DE OBSERVAÇÃO. O que você consegue ver usando a lente VERMELHA?

Rena Vagando livremente pela taiga, esta espécie tem cascos afiados que a ajudam a caminhar no gelo e a cavar para procurar comida.

Falcão-peregrino Com sua visão extremamente afiada, esta ave de rapina mergulha sobre a presa do alto das copas das árvores.

Cegonha-preta Supervisionando os rios e lagos da floresta com seus olhos brilhantes, esta criatura de bico vermelho se alimenta de insetos da floresta.

Grou-monge O primeiro ninho deste animal nos remotos pantanais da taiga só foi encontrado por cientistas em 1974!

Uapiti O macho da espécie perde a galhada na primavera, que começa a crescer de novo em maio, antes da estação reprodutiva.

Arminho Este caçador oportunista se alimenta das menores presas da floresta: musaranhos, coelhos, insetos e pequenos peixes.

Tetraz-grande Também conhecido como tetraz-ocidental, este animal se alimenta da rica vegetação da floresta.

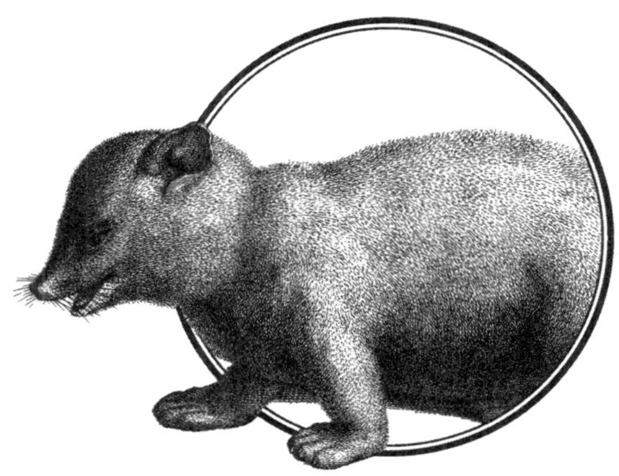

Zibelina Com sua audição e seu olfato apurados, este membro da família das martas é um dos melhores coletores da floresta.

Esquilo-vermelho Como seu primo europeu, este coelho passa 80% do dia procurando comida.

AS PLANÍCIES DO SERENGETI

Nomeado pelos Massai como o lugar das "terras sem fim", o Serengeti tem um ecossistema mundialmente conhecido. Lar de alguns dos mamíferos mais amados do mundo, incluindo o leão e a girafa, também é a via expressa da migração animal, com gnus atravessando suas pradarias todos os anos em busca de folhas verdes. Durante a estação da seca, a água fica escassa e as gramíneas já estão consumidas ou secas. A falta de comida é o gatilho migratório para cerca de dois milhões de gnus das planícies para as florestas. No começo da estação das chuvas, esses animais completam seu ciclo e retornam às planícies com vegetação agora abundante.

BEM-VINDO ÀS PRADARIAS

Destino

Planícies do Serengeti

Continente

África

País

Tanzânia

Hábitat

Pradaria

Tamanho

30.000 km²

Quem mora aqui

Cerca de 70 espécies de mamíferos grandes e 500 de aves, incluindo gnus, gazelas, zebras, búfalos e o felino africano mais famoso que existe: o leão.

NOITE E CREPÚSCULO

Conforme o sol se põe no Serengeti, a rainha dos felinos, a leoa, sai do galho em que estava empoleirada. Seus filhotes estão por perto, mas ela é a primeira a avistar o café da manhã: um gnu-de-cauda-preta rebelde que se afastou do bando. Não há outro lugar na África com uma concentração tão alta de carne de rebanho em campo aberto, e a visão limitada do gnu no crepúsculo implica chances reduzidas de sobrevivência. O gnu não é a única criatura no cardápio do leão – esses felinos são oportunistas e podem caçar animais tão pequenos quanto os ratos até as altíssimas girafas.

LEIA sobre as espécies abaixo e depois volte ao PONTO DE OBSERVAÇÃO. O que você consegue ver usando a lente AZUL?

Gato-selvagem-africano Este felino usa a camuflagem proporcionada pelas listras no corpo para emboscar roedores.

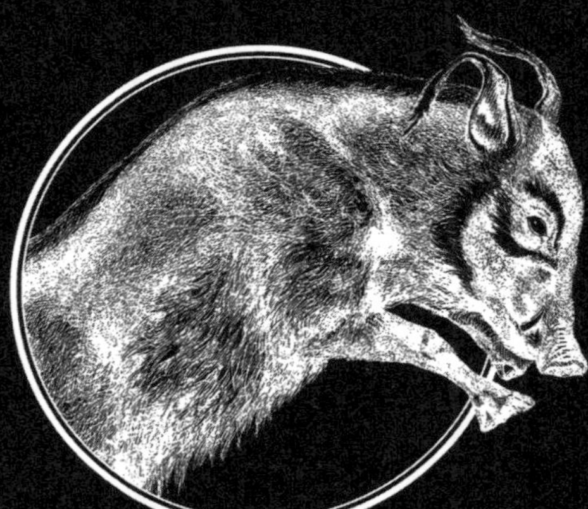

Porco-vermelho Este porco peludo é onívoro (ou seja, come vegetais e animais) e cheira o alimento antes de ingeri-lo.

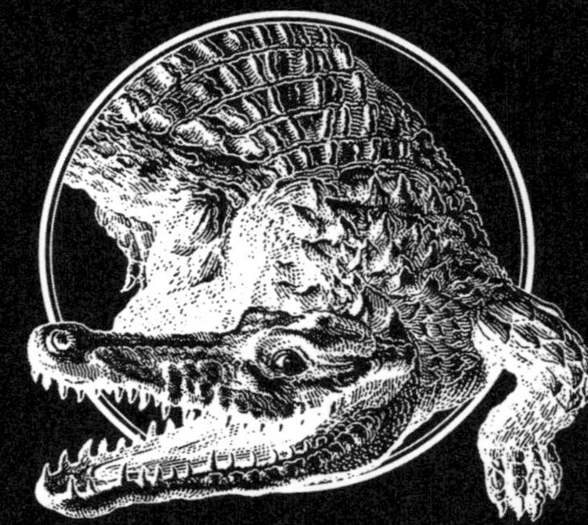

Crocodilo-do-nilo A maior espécie de crocodilo da África se alimenta de zebras e gnus dos pântanos do Serengeti.

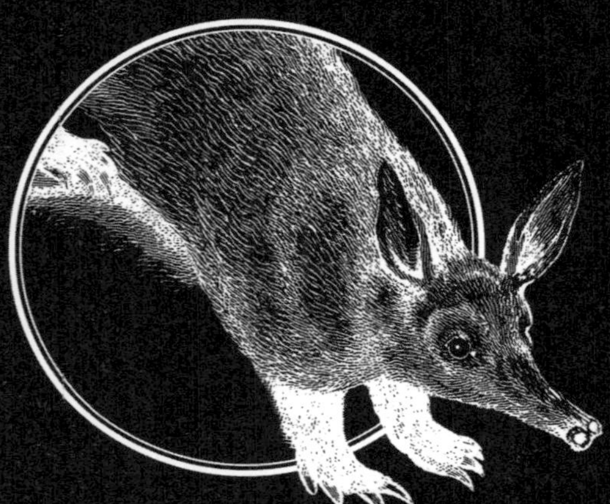

Porco-formigueiro Capaz de cheirar sua refeição em um cupinzeiro próximo, este animal de focinho alongado é o melhor escavador do Serengeti.

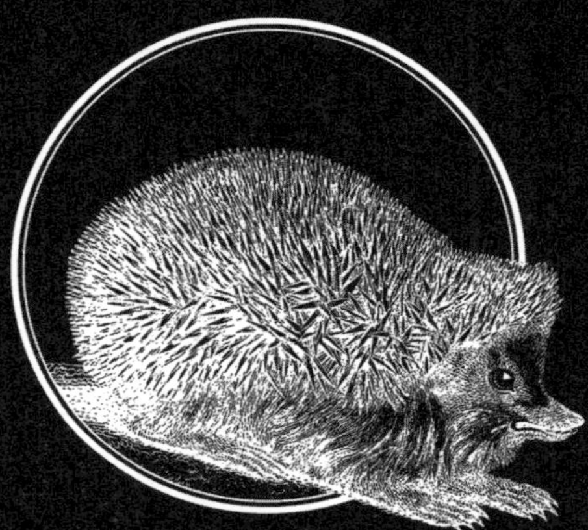

Ouriço-pigmeu-africano Estas criaturas consomem até 30% de seu peso corporal em comida todas as noites.

Leão Mais ativo no amanhecer e no pôr do sol, estes caçadores podem identificar uma presa a mais de um quilômetro de distância.

Otolemur-do-norte Este primata de rabo enrolado tem orelhas de morcego que permitem que identifique insetos e os capture em pleno voo.

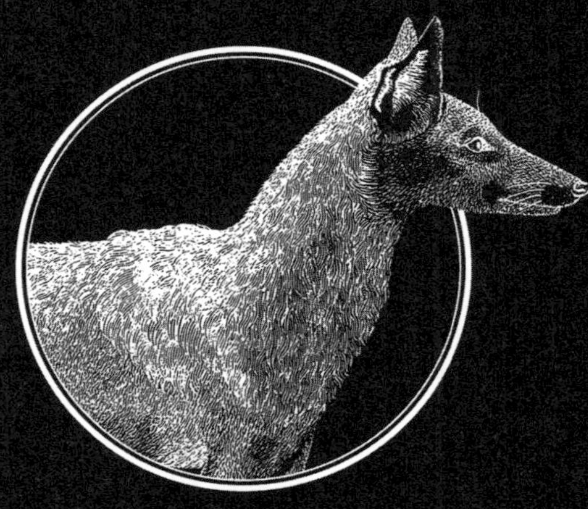

Chacal-dourado O canino de pelos dourados das planícies é conhecido por formar casais para a vida toda.

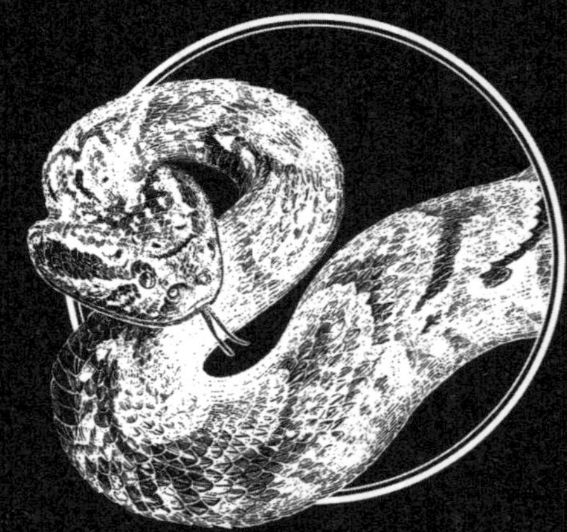

Biúta Esta cobra se esconde na grama alta à noite e ataca roedores com suas grandes presas e seu forte veneno.

DIA

Durante o dia, as pastagens mais ricas do continente ganham vida com algumas das feras mais icônicas da África. Quando o sol já passou do ponto mais alto no céu, muitas dessas criaturas interrompem sua busca por comida e se reúnem em um mesmo lugar: uma fonte de água. Ali, girafas, elefantes, avestruzes e gnus bebem juntos, muitas vezes sob o olhar cuidadoso de seus predadores. É a hora do *rush* no Serengeti, e há certa segurança na multidão por um breve momento, quando a necessidade de água é maior que a de comida.

LEIA sobre as espécies abaixo e depois volte ao PONTO DE OBSERVAÇÃO. O que você consegue ver usando a lente VERMELHA?

Guepardo O animal mais rápido do planeta busca comida à luz do dia, perseguindo e derrubando sua presa em alta velocidade.

Elefante-africano O maior mamífero terrestre das planícies tem um sistema de comunicação complexo, capaz de alertar os membros da família sobre alimento e predadores.

Avestruz Esta ave terrestre gigantesca tem fortes músculos nas pernas e pode manter altas velocidades para escapar da perseguição de predadores famintos.

Girafa Com sua língua de 45 cm, o mamífero mais alto do mundo come folhas das acácias na maior parte do tempo que passa desperto.

Mangusto-listrado Este caçador nômade encontra abrigo em cupinzeiros e pode ser ouvido fazendo barulho durante o dia.

Gnu-de-cauda-preta Este grande viajante das planícies está sempre se locomovendo à procura de grama e água fresca.

Dendrohyrax Depois de seu banho de sol matinal, este mamífero peludo se alimenta em círculos, olhando sempre para a frente, atento ao perigo.

Conca Estes saltadores de pedras formam casais para a vida inteira, hidratando-se e alimentando-se por meio de suculentas e de outras plantas das planícies do Serengeti.

Babuíno-anúbis O primata mais comum da África pode ser encontrado aqui em grupos de até 40, alimentando-se de plantas e de pequenos insetos.

A BACIA DO RIO GANGES

Sagrado para os hindus em todo o mundo, o rio Ganges é o lar de centenas de espécies de animais – e mais de 400 milhões de pessoas. Nascendo no Himalaia e desaguando no golfo de Bengala, ele percorre um quarto do território da Índia. O solo fértil que o cerca é a principal área para o cultivo de arroz, cana-de-açúcar, oleaginosas, lentilha, trigo e batata. As criaturas que habitam suas águas, as florestas e os manguezais das redondezas precisam conviver com a atividade humana em torno do rio. Animais como o golfinho-do-ganges aprenderam a lidar com os muitos sistemas de barragem naturais e humanos, mas não sem custo, considerando que há menos de 1.800 deles soltos na natureza.

BEM-VINDO AO RIO

Destino

Bacia do rio Ganges

Continente

Ásia

Países

Índia e Bangladesh

Hábitats

Rio, floresta, manguezal

Tamanho

1.080.000 km²

Quem mora aqui

219 espécies aquáticas, 315 espécies de aves, 176 de peixes e 31 de crustáceos. Também abriga 35 espécies de répteis e 42 de mamíferos, além de ser o lar da maior população do mundo de tigres-de-bengala.

NOITE E CREPÚSCULO

Conforme o fulgor da atividade humana começa a esvanecer, a luz se transforma em escuridão e os caçadores do rio despertam para a noite. Boiando discretamente nas águas rasas, o gavial está perfeitamente adaptado para vislumbrar o café da manhã, com olhos, ouvidos e narinas localizados no topo da cabeça. Esse predador fica quase todo submerso e escondido em sua busca por comida, utilizando seu cheiro e seu reflexo na superfície da água para capturá-la. Como todas as outras criaturas que chamam esse rio de casa, o gavial, para encontrar um alimento nutritivo, precisa navegar em áreas altamente poluídas devido à ação humana e aos dejetos industriais.

LEIA sobre as espécies abaixo e depois volte ao PONTO DE OBSERVAÇÃO. O que você consegue ver usando a lente AZUL?

Tubarão-do-ganges Como outros tubarões, esta misteriosa criatura se utiliza da audição, do olfato e de seus eletrócitos para encontrar comida.

Gato-selvagem Encontrado na floresta adjacente ao Ganges, este felino se alimenta de répteis, insetos e anfíbios de seu ecossistema.

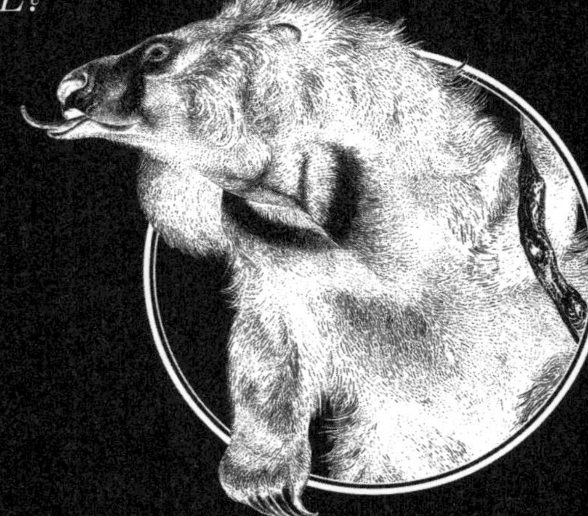

Urso-beiçudo Este animal é um bom nadador e marca seu território na floresta arranhando os troncos das árvores com as patas dianteiras.

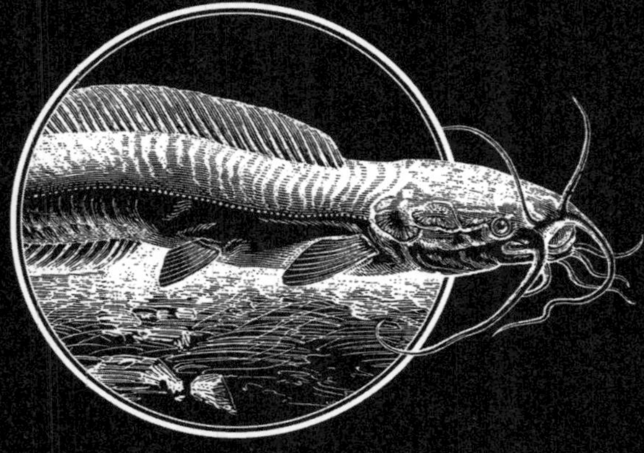

Peixe-gato-andador Este peixe de água doce usa suas barbatanas peitorais enrijecidas para se contorcer na vertical e arranjar comida.

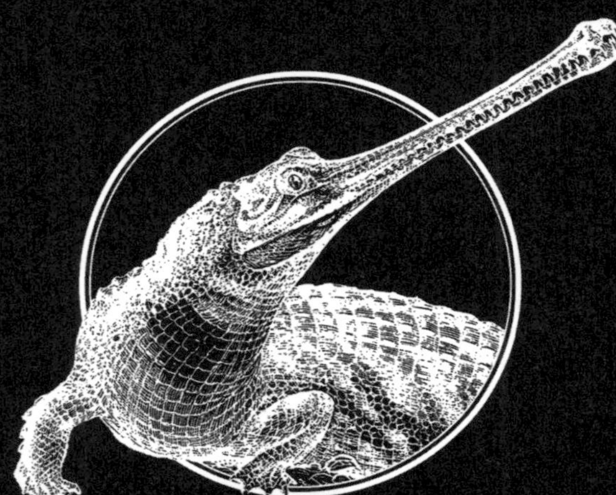

Gavial Esta espécie de crocodilo tem o focinho alongado e estreito que reduz a resistência da água na busca por peixes.

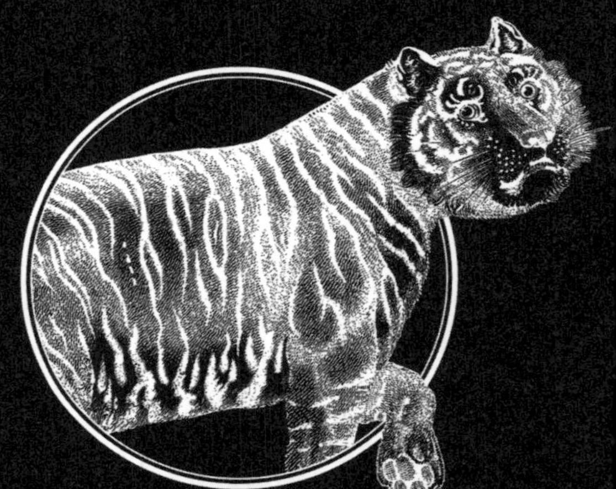

Tigre-de-bengala O maior membro da família dos tigres se esconde antes de emboscar mamíferos selvagens na floresta próxima ao rio.

Raposa-voadora Também conhecido como morcego-da-fruta, este animal usa o olfato para localizar flores, pólen e frutas nas árvores às margens do rio.

Chacal-dourado Este canino que caça em duplas corre ao longo de ambos os lados dos cursos d'água, conduzindo a presa de um para o outro.

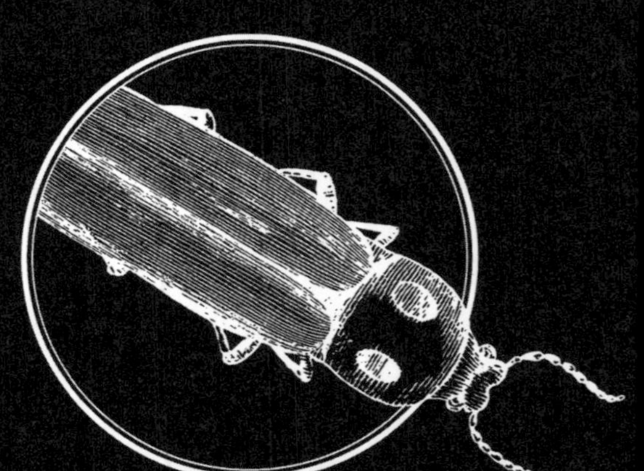

Vaga-lume Uma reação química permite que este inseto se ilumine, atraindo o parceiro e espantando predadores.

DIA

Mesmo antes que o sol nasça completamente, o rio já está desperto e cheio de vida. Cada criatura que o navega à luz do dia deve se adaptar à vida frenética do Ganges e à atividade humana nos arredores. O golfinho-do-ganges, uma espécie rara que é considerada cega no nascimento, precisa voltar à superfície a cada cinco minutos para respirar. Redes de pesca e o fluxo baixo do rio implicaram a diminuição do número de membros dessa espécie, o que a coloca na lista de animais em risco. Muitos esforços estão sendo feitos para preservar o golfinho-do-ganges e sustentar a rica variedade de criaturas que chama esse rio de lar.

LEIA sobre as espécies abaixo e depois volte ao PONTO DE OBSERVAÇÃO. O que você consegue ver usando a lente VERMELHA?

Chital Caçado pelo tigre-de-bengala, este cervo pintado pode correr até 64 km/hora para escapar.

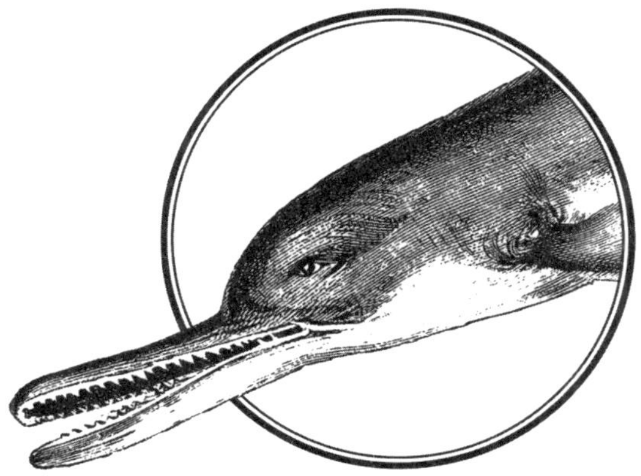

Golfinho-do-ganges Ativa o tempo todo, esta espécie pode ser vista de dia usando sons e ecos para se locomover pelo rio.

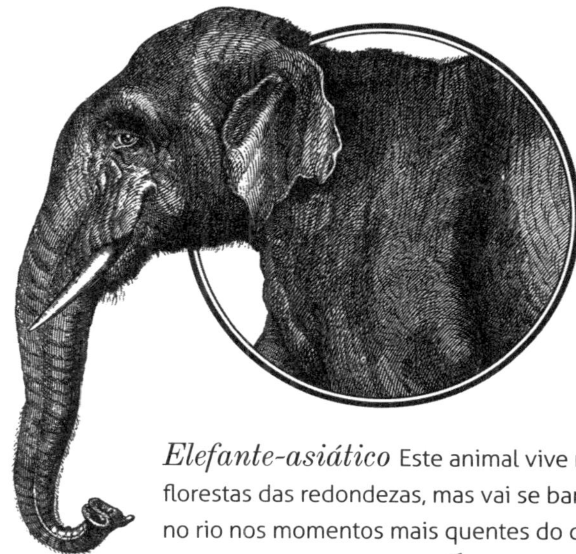

Elefante-asiático Este animal vive nas florestas das redondezas, mas vai se banhar no rio nos momentos mais quentes do dia.

Sisão-de-penacho Durante a estação das cheias, ou monções, o macho dessa espécie faz um ritual saltitante para atrair a fêmea.

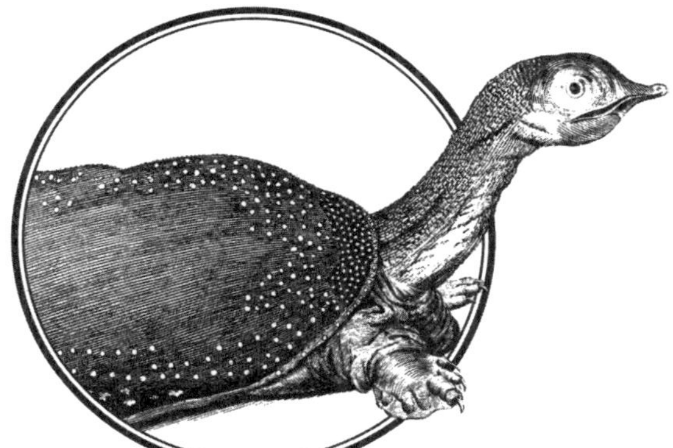

Tartaruga-de-casco-mole Este animal está bem adaptado para sobreviver no rio – é um bom nadador e pode respirar debaixo d'água.

Martim-pescador Este pequeno pássaro pescador que plana sobre o rio antes de mergulhar atrás de comida se alimenta da vida diversa encontrada no Ganges.

Jabiru-de-pescoço-preto Com seu bico de lança afiada, essa ave aquática se mantém na parte rasa para buscar peixes e insetos.

Águia-gritadeira Um convidado das zonas inundadas pelo rio no inverno, esta ave de rapina caça peixes e pequenos répteis durante o voo.

Mainá Um membro da família do estorninho, o macho dessa espécie tem uma rotina aérea elaborada para atrair a fêmea.

O RECIFE DA ILHA DE APO

Estendendo-se por quilômetros de praias de areia branca, de profundas lagoas azuis e de rasas águas esmeralda, esse ecossistema é um baú do tesouro debaixo d'água. Parte do Parque Nacional de Apo é esse recife de corais protegido e um dos poucos lugares no mundo onde mergulhadores podem ficar cara a cara com baleias-piloto, ostras-gigantes e tartarugas marinhas! A maior parte das 450 espécies de corais das Filipinas está aqui, dos antozoários *octorocallia* aos corais cerebrais, assim como centenas de espécies de peixes multicoloridos como o acará, o peixe-donzela, a mariquita e o xaréu.

BEM-VINDO AO RECIFE DE CORAIS

Destino

Recife de corais da ilha de Apo

Continente

Ásia

País

Filipinas

Hábitat

Recife de corais

Tamanho

34 km²

Quem mora aqui

Tartarugas-verdes, tartarugas-de-pente ameaçadas, baleias-piloto-de-aleta-curta, golfinho-nariz-de-garrafa e cerca de 285 espécies de peixes e 450 de corais.

NOITE E CREPÚSCULO

Conforme o crepúsculo cai sobre o mar safira, o dia das criaturas da noite começa. Menos coloridas que seus primos diurnos, uma variedade de animais do recife se aproveita da cobertura da escuridão da noite, o que lhe permite emergir de seus abrigos com alguma chance de não ser notado. Muitas dessas criaturas têm olhos grandes, aperfeiçoados por uma camada reflexiva dentro do olho que lhes possibilita captar o máximo da fraca luz disponível. Grande parte da incubação desses animais é controlada pelo nível de luz, e muitas criaturas dos corais acabam fazendo sua entrada no mundo nas horas que se seguem ao crepúsculo.

LEIA sobre as espécies abaixo e depois volte ao PONTO DE OBSERVAÇÃO.
O que você consegue ver usando a lente AZUL?

Jaguareçá Durante a caçada noturna, esta espécie produz sons com sua bexiga natatória para se comunicar.

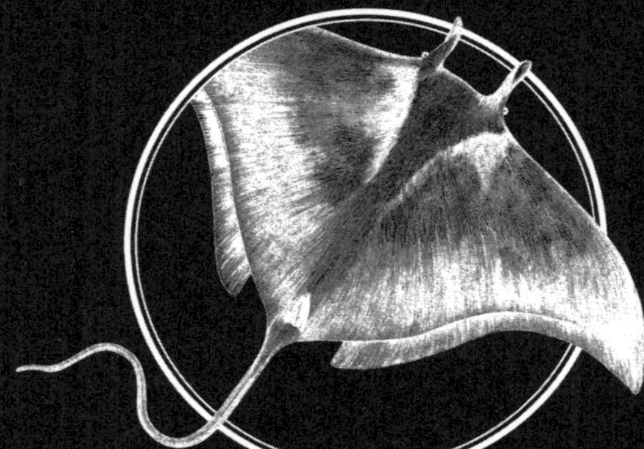

Jamanta ou *Peixe-diabo* Conforme o plâncton sobe para a superfície da água durante a noite, este animal se refestela com ele sob o luar.

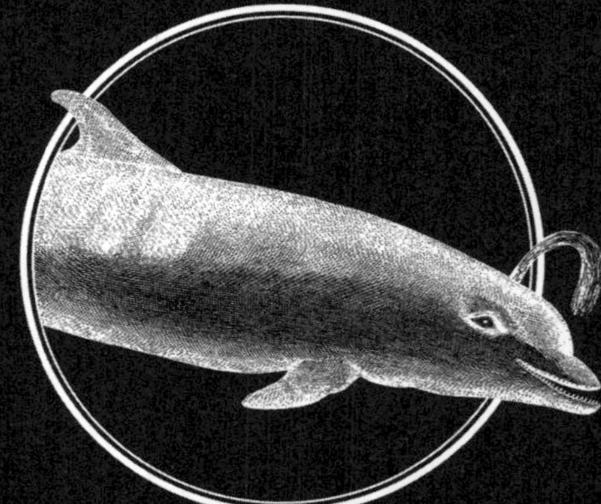

Golfinho-nariz-de-garrafa Este animal é ativo tanto durante o dia quanto a noite, mas o crepúsculo é a hora mais cheia para ele em termos de alimentação.

Xaréu-preto Esta criatura se esconde nas fendas do recife exterior durante o dia e se alimenta em grupos de até trinta durante a noite.

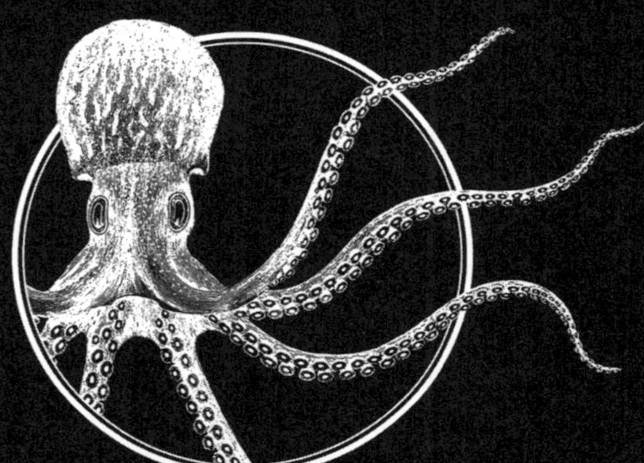

Polvo-ornamentado Enfiando seus tentáculos nos buracos dos corais, este caçador consegue seu alimento diário.

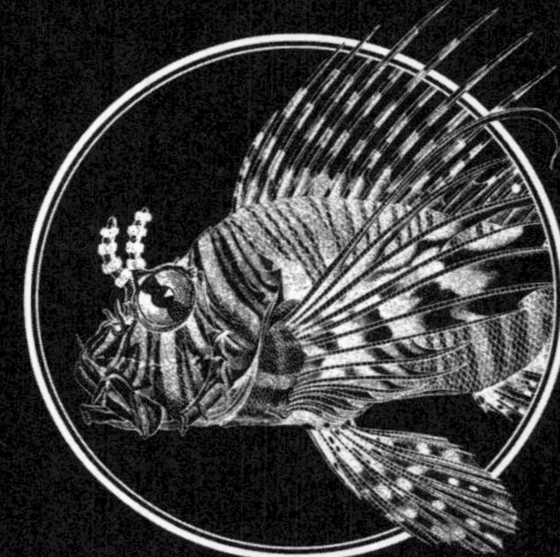

Peixe-leão-de-nadadeira-pintada As nadadeiras que cobrem este peixe são venenosas, atingindo os predadores que chegam perto demais.

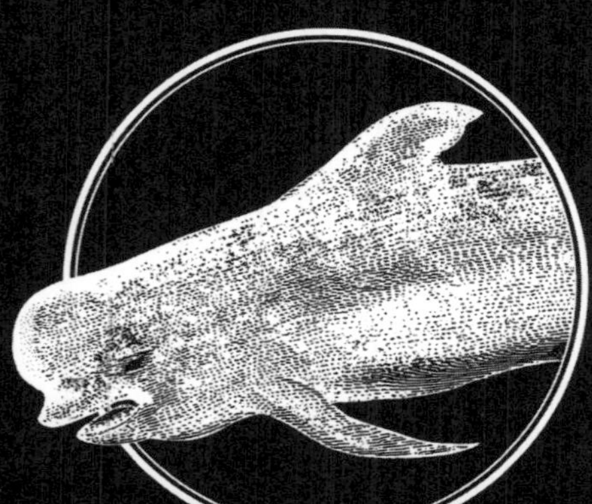

Baleia-piloto-de-aleta-curta Conhecida como "a chita das profundezas", esta baleia persegue as lulas de que se alimenta em alta velocidade.

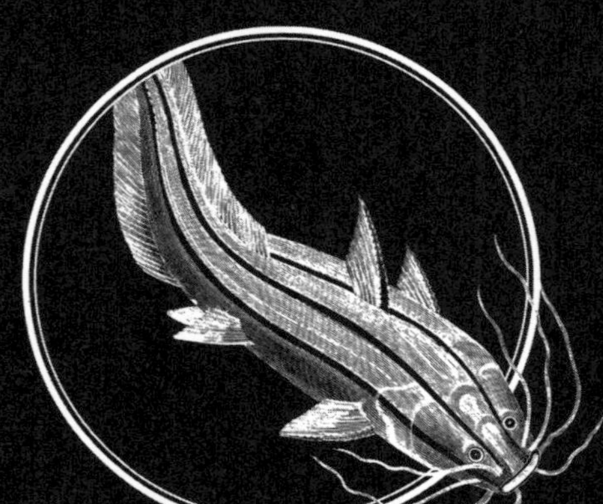

Bagre Esta espécie altamente sintonizada pode determinar a origem dos sons do recife e de que direção vieram.

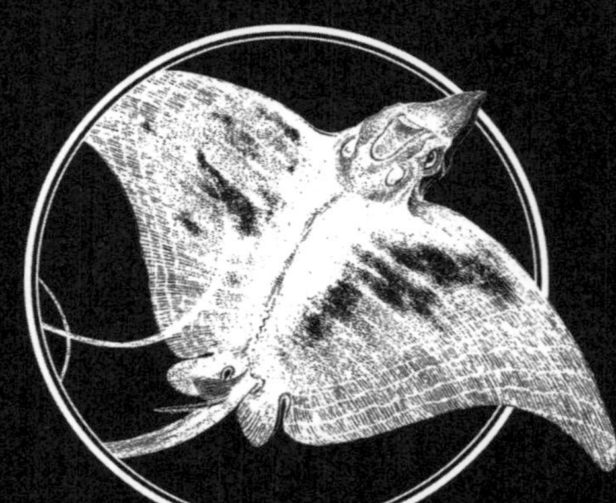

Arraia-águia As asas deste animal que veleja no raso rasgam a superfície da água, dando a impressão de tubarões se locomovendo juntos.

DIA

Quando o sol reluz sobre as três ilhas que formam o Parque Nacional de Apo, é a hora do tráfego mais pesado na cidade subaquática, que é o recife de corais. Inundado pela luz, o ecossistema é o ganha-pão dos trabalhadores diurnos, cuja aparência multicolorida leva informações aos rivais territoriais, colegas e parceiros. Diversos tipos de seres caçam em diferentes áreas dos corais: os animais que se alimentam de plantas e os invertebrados preferem o leito de areia do recife, enquanto os que preferem plâncton se dirigem à corrente para colher suas presas flutuantes.

LEIA sobre as espécies abaixo e depois volte ao PONTO DE OBSERVAÇÃO. O que você consegue ver usando a lente VERMELHA?

Tartaruga-de-pente Embora mais ativa à luz do dia, é à noite que os ovos desta espécie se abrem e os filhotes se arrastam até o mar.

Tartaruga-verde Nomeada de acordo com a cor de sua pele, é conhecida por ir à terra para tomar sol, às vezes ao lado de focas!

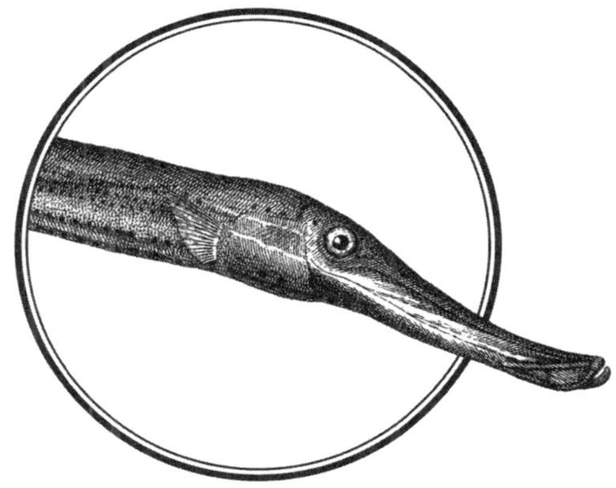

Peixe-trombeta Para enganar a presa, este peixe se passa por um graveto se emaranhando verticalmente em algas-marinhas.

Peixe-donzela O macho da espécie realiza um "salto sinalizador" diante da fêmea, subindo e depois nadando rapidamente para baixo.

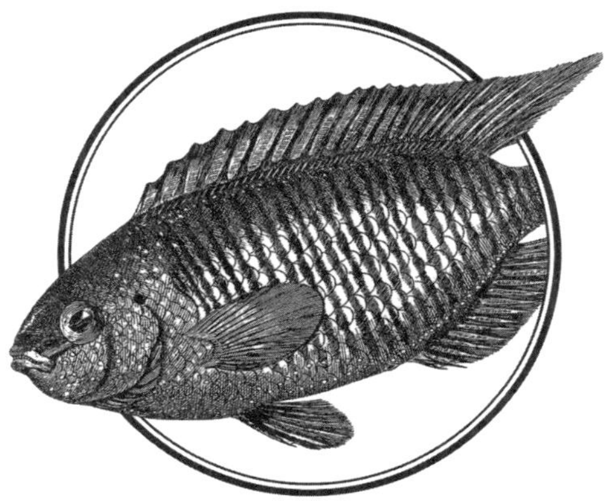

Chromis-verde Suas escamas verdes e azul-claras permitem que se camufle. Esta espécie é caçada por garoupas e peixes-leão durante o dia.

Pargo-de-listra-azul Esta criatura amarela é conhecida por nadar ao lado de outros peixes como proteção extra contra os predadores.

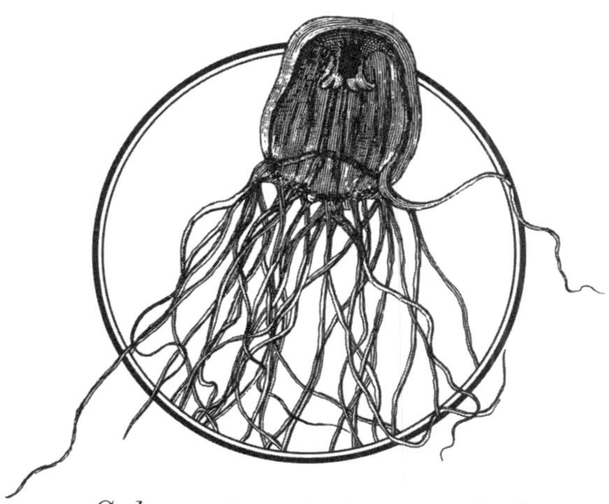

Cubozoa Este animal que caça de dia é uma das mais venenosas criaturas marinhas conhecidas pelo homem.

Ostra-gigante De dia, a concha se abre para que as algas de que se alimenta recebam a luz do sol diária de que necessitam para crescer.

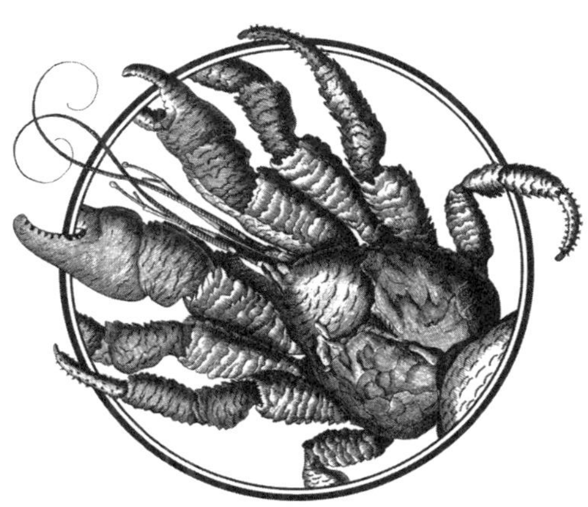

Caranguejo-dos-coqueiros Ativo durante o dia e à noite, esta criatura também é chamada de "caranguejo-ladrão" porque tem o hábito de subir em árvores para roubar cocos.

Escaneie o código e transforme seu aparelho em uma lente mágica de três cores.

TÍTULO ORIGINAL *Illuminature*

As ilustrações foram criadas digitalmente a partir de desenhos a lápis escaneados.

EDIÇÃO Fabrício Valério e Marcia Alves
TEXTO Rachel Williams
TRADUÇÃO Ligia Azevedo
PREPARAÇÃO Maria Isabel Ferrazoli
REVISÃO Luciane Helena Gomide e Michelle Oshiro
DIREÇÃO DE ARTE Ana Solt
DIAGRAMAÇÃO Pamella Destefi e P. H. Carbone
DESIGN Nicola Price
PRODUÇÃO GRÁFICA Alexandre Magno

Dados Internacionais de Catalogação na Publicação (CIP)
(Câmara Brasileira do Livro, SP, Brasil)

Williams, Rachel
Animágicos / texto Rachel Williams; ilustrações Carnovksky; tradução Lígia Azevedo. – 2. ed. – Cotia, SP: VR Editora, 2024.

Título original: Illuminature
ISBN 978-85-507-0521-7

1. Animais - Literatura infantojuvenil I. Carnovksky. II. Título.

24-201354 CDD-028.5

Índices para catálogo sistemático:
1. Animais: Literatura infantil 028.5
2. Animais: Literatura infantojuvenil 028.5
Cibele Maria Dias – Bibliotecária – CRB-8/9427

VR Editora S.A.
Avenida Paulista, 1337 – Conj. 11 | Bela Vista
CEP 01311-200 | São Paulo | SP
Tel.: (+55 11) 4612-2866
vreditoras.com.br | editoras@vreditoras.com.br

SUA OPINIÃO É MUITO IMPORTANTE

Mande um e-mail para **opiniao@vreditoras.com.br** com o título deste livro no campo "Assunto".

3ª edição, set. 2025
FONTES BonvenoCF Light 50/50pt;
Aller Light Regular 13/18pt
Impresso em Shaoguan, China • Printed in Shaoguan, China
LOTE QUA080424

MISTO
Papel | Apoiando o manejo florestal responsável
FSC® C122384